MGR PERRAUD

ÉVÊQUE D'AUTUN,

MEMBRE DE L'ACADÉMIE FRANÇAISE

LE CARDINAL LAVIGERIE

DISCOURS

PRONONCÉS LE MERCREDI 19 AVRIL 1893
DANS LA BASILIQUE DE SAINT-LOUIS DE CARTHAGE
ET LE MARDI 2 MAI DE LA MÊME ANNÉE DANS LA CATHÉDRALE D'ALGER

Avec un portrait en héliogravure

LIBRAIRIE RELIGIEUSE H. OUDIN

PARIS
10, RUE DE MÉZIÈRES, 10

POITIERS
4, RUE DE L'ÉPERON, 4

1893

LE

CARDINAL LAVIGERIE

PRINCIPALES ŒUVRES

DE Mgr PERRAUD

Études sur l'Irlande contemporaine, deux volumes in-8°.

L'Oratoire de France au XVIIe et au XIXe siècle, un volume in-8°.

Les Paroles de l'heure présente, un volume in-12.

Œuvres pastorales et oratoires, quatre volumes in-8°.

Éloge funèbre du général Zamoyski (chapelle de l'Oratoire, 1868.)

Oraison funèbre du P. Captier (Arcueil, juillet 1871).

Oraison funèbre de Mgr Darboy (Notre-Dame de Paris, juillet 1871).

Éloge funèbre du général Changarnier (cathédrale d'Autun, 1877).

Oraison funèbre de Mgr Rivet, évêque de Dijon (cathédrale de Dijon, 1884).

Oraison funèbre de S. E. le cardinal Guibert (Notre-Dame de Paris, 1886).

Oraison funèbre de Mgr Marchal, archevêque de Bourges (cathédrale de Bourges, 1892).

Etc. etc.

Héliog. Dujardin, d'après une photographie de H. Valois. Imp. Eudes et Chassepot

SON ÉMINENCE LE CARDINAL LAVIGERIE
Archevêque d'Alger et de Carthage
Primat d'Afrique

MGR PERRAUD

ÉVÊQUE D'AUTUN,

MEMBRE DE L'ACADÉMIE FRANÇAISE

LE
CARDINAL LAVIGERIE

DISCOURS

PRONONCÉS LE MERCREDI 19 AVRIL 1893
DANS LA BASILIQUE DE SAINT-LOUIS DE CARTHAGE
ET LE MARDI 2 MAI DE LA MÊME ANNÉE DANS LA CATHÉDRALE D'ALGER

Avec un portrait en héliogravure

LIBRAIRIE RELIGIEUSE H. OUDIN

PARIS
10, RUE DE MÉZIÈRES, 10

POITIERS
4, RUE DE L'ÉPERON, 4

1893

BIBLIOTHÈQUE NATIONALE
R.F.
IMPRIMÉS

AVANT-PROPOS

J'ai été très vivement sollicité d'écrire et de publier les discours que j'ai prononcés, le 19 avril, dans la basilique de Carthage, et le 2 mai, dans la cathédrale d'Alger, à l'issue de deux services funèbres célébrés pour le repos de l'âme du cardinal Lavigerie.

Aucun de ces discours n'avait été sténographié. J'ai dû me livrer à un travail considérable pour mettre en ordre mes nombreuses notes et les rédiger.

Beaucoup de mes lecteurs, je m'y attends, trouveront que je n'ai fait œuvre ni d'orateur ni d'historien. Pour répondre à la première de ces exigences, il aurait fallu être moins long ; pour répondre à la seconde, il aurait fallu être plus complet.

Je me dissimule si peu la justesse et la portée de cette objection que je vais le premier au-devant d'elle. Je ne m'excuse donc pas ; mais j'essaie de me consoler en me rappelant le jugement que saint Augustin portait un jour, avec une si touchante simplicité, sur sa propre prédication et sur la souffrance intime qu'il éprouvait à comparer ce qu'il avait dit avec ce qu'il aurait voulu dire, et sa parole parlée avec l'illu-

mination intérieure qu'il aurait tant désiré rendre telle qu'il l'avait vue.

« Je suis presque toujours mécontent de ce que je dis. Je « voudrais quelque chose de mieux que je sens au dedans de « moi-même, avant de l'exprimer ; et quand je reconnais que « mon discours est au-dessous de ma pensée, je m'attriste « de ce que ma parole n'a rendu qu'imparfaitement les senti- « ments de mon cœur (1). »

Je crois pouvoir me permettre d'ajouter que les grandes choses dont j'avais reçu mission de parler eussent exigé plusieurs discours. A tout le moins, une trilogie à la manière antique n'eût été disproportionnée ni à l'importance du sujet, ni à la valeur exceptionnelle de l'homme qu'il s'agissait de faire connaître et d'apprécier.

Telles quelles, — avec tous les défauts que j'y vois, et tous ceux que les autres y verront mieux que moi encore, — je livre au public ces pages qui reproduisent assez fidèlement les paroles entendues par mes auditeurs de Carthage et d'Alger.

Je les dépose comme une humble pierre dans le monument définitif que le XIX*e siècle chrétien se doit à lui-même d'élever bientôt à la mémoire du cardinal Lavigerie.*

Saint-Eugène, près Alger, 19 mai 1893

(1) Saint Augustin, Traité adressé à un diacre de Carthage sur la manière d'enseigner la doctrine chrétienne, n° 3.

LE CARDINAL LAVIGERIE

Surrexit quasi ignis, et verbum illius quasi facula ardebat.

Il s'est élevé comme le feu, et sa parole a été semblable à un flambeau ardent.

(Ecclésiastique, XLVIII, 1.)

MESSEIGNEURS (1),
MES RÉVÉRENDS PÈRES (2),
MESSIEURS (3),
MES FRÈRES,

Parmi les grands hommes d'Israël dont les hauts faits sont célébrés avec tant de patriotisme et de religion par

(1) Mgr Dusserre, archevêque d'Alger ; — Mgr Combes, évêque de Constantine (aujourd'hui archevêque de Carthage) ; — Mgr Soubrier, évêque d'Oran ; — Mgr Tournier, évêque titulaire d'Hippone-Zarite, administrateur du diocèse de Carthage ; — Mgr Livinhac, évêque titulaire de Pacando, supérieur général de la Société des missionnaires d'Afrique, dite des Pères Blancs ; — Mgr Brincat, évêque titulaire d'Adrumète, directeur général de l'Œuvre anti-esclavagiste ; — Mgr Toulotte, évêque titulaire de Thagaste, vicaire apostolique du Sahara ; — Mgr Gazaniol, évêque titulaire de Tuburbo, en résidence à Tunis ; — Mgr Poloméni, évêque titulaire de Ruspe, en résidence à Sfax ; — Mgr Mage, protonotaire apostolique, vicaire général d'Oran.

(2) Les missionnaires d'Afrique, Pères Blancs, qui ont leur scolasticat à Saint-Louis de Carthage.

(3) M. Charles Rouvier, Résident général de France à Tunis, entouré

l'auteur de l'Ecclésiastique, le prophète Elie apparaît dans un nimbe de lumière et de feu : *Surrexit quasi ignis.*

Sa parole jette d'irrésistibles clartés sur les droits de Jéhovah et confond les complots ténébreux des partisans de Baal: *Verbum illius quasi facula ardebat.* Il a été dévoré de zèle pour l'honneur du vrai Dieu et pour le bien de son peuple : *Zelo zelatus sum pro Domino Deo exercituum* (1). Enfin, la dernière démarche de sa carrière terrestre, fidèle image de sa vie, le montre aux regards éperdus de ses disciples miraculeusement emporté dans un char de feu : *Receptus es in turbine ignis, in curru equorum igneorum.*

Ces images bibliques, ces grandioses et éblouissantes comparaisons se sont comme invinciblement imposées à moi lorsque j'ai accepté la mission de venir parler ici de l'illustre Pontife auquel, il y a bientôt cinq mois, Alger et Carthage, l'Eglise et le gouvernement de la France, l'armée et la marine, décernaient des obsèques triomphales.

Sa vie m'est apparue semblable à une flamme qui, se nourrissant de sa propre combustion, ne cesse pas de monter et de répandre toujours plus loin la lumière et la chaleur : *Surrexit quasi ignis.*

Daigne cet Esprit d'en haut que les chrétiens invoquent comme le foyer immanent du feu de la charité, *fons vivus, ignis, charitas*, communiquer à ma parole quelques étin-

du personnel de la résidence ; — M. le général Leclerc, commandant la brigade d'occupation de la Tunisie ; — MM. Jeannerod, colonel du 4ᵉ régiment de zouaves, et Courtiel, colonel du 4ᵉ de chasseurs d'Afrique.

(1) III Reg. XIX, 10.

celles de ses saintes ardeurs, tandis que je m'acquitterai du devoir de la reconnaissance religieuse et nationale envers l'Evêque auquel sont redevables de services inestimables la foi chrétienne, l'Eglise, l'humanité, la France, tout spécialement enfin ce continent africain, dont il a été l'apôtre pendant vingt-cinq ans de sa vie et où il a voulu dormir son dernier sommeil, LE CARDINAL MGR CHARLES-MARTIAL ALLEMAND-LAVIGERIE, DU TITRE DE SAINTE-AGNÈS-HORS-LES-MURS, ARCHEVÊQUE D'ALGER ET DE CARTHAGE, PRIMAT D'AFRIQUE.

Mais, avant d'aborder cette mission, je dois me souvenir de ce qu'écrivait ici même, il y a seize siècles et demi (touchante coïncidence), un disciple et fils spirituel de saint Cyprien, le diacre Pontius.

Associé à l'exil et à la captivité du saint évêque, il aurait voulu le suivre jusque dans son martyre (1). Cependant il avait dû se résigner à lui survivre ; et, tant pour la consolation que pour l'édification de l'Eglise de Carthage en deuil, il entreprit de résumer en quelques pages la noble existence dont il avait été le témoin. Il a bien soin de prévenir ses lecteurs qu'il ne veut pas tromper leur attente. « Je ne dirai pas tout, et je ne « puis pas tout dire. Vous n'imputerez qu'à moi seul « les lacunes de mon récit. Elles ne diminueront en « rien votre admiration pour celui dont je vais vous « parler. J'ai conscience de l'incapacité où je suis

(1) Me inter domesticos comites dignatio caritatis ejus delegerat exulem voluntarium, quod utinam et in passione licuisset! (Pontius, De vita S. Cæcilii Cypriani, c. XII.)

« de proportionner mon travail à ses mérites (1). »

Je m'approprie sans hésitation les sentiments et les expressions touchantes du diacre carthaginois. Comme lui, je déclare d'avance, et très haut, que mes paroles seront bien au-dessous des œuvres qu'il s'agit de faire connaître et de l'homme dont Dieu s'est servi pour les accomplir. Comme lui aussi, je me rassure en pensant que le cardinal Lavigerie a été du petit nombre de ceux auxquels suffit la multitude de leurs gloires, et qui n'ont pas besoin des éloges d'autrui : *Nisi quod numerositas gloriarum sibimetipsi sufficiens alieno præconio non eget* (2).

Sous le bénéfice de ces réserves, j'entreprendrai, Messeigneurs, de répondre aux sollicitations de ce que je puis bien appeler votre piété et votre douleur filiales, puisque tous, sans exception, vous êtes nés à la vie épiscopale par les mains de celui que vous pleurez et que tous vous lui donnez le nom de père.

Vos désirs sont devenus pour moi des ordres, depuis qu'ils ont reçu l'approbation du vicaire de Jésus-Christ, de ce grand Pape qui avait trouvé dans le cardinal Lavigerie le confident le plus sûr, l'interprète le plus intelligent de ses pensées , et, pour l'accomplissement de ses desseins apostoliques sur l'évangélisation et la pacification du monde, le lieutenant le plus intrépide et le plus dévoué.

Ce n'est pas tout.

(1) Ut... imparem me esse confitear ad proferendum digne pro meritorum honore sermonem. (Id. ib. c. I.)

(2) Id. ib.

Il y a deux jours, un de nos vénérés collègues de l'épiscopat africain (1), arrivant directement de Rome, est venu apporter ici une bénédiction très spéciale du Souverain Pontife, tant pour celui qui devait prendre la parole dans cette imposante solennité, que pour vous, Messeigneurs, premiers pasteurs et apôtres de cette terre d'Afrique. Je reçois cette bénédiction avec la plus religieuse gratitude. Par elle, Léon XIII a voulu se rendre présent au milieu de nous et présider lui-même aux hommages que nous rendons à son cher cardinal. Elle est pour moi, à cette heure, comme la confirmation d'un ordre venu d'en haut.

Très Saint-Père,

Vous serez obéi ; et puisque vous avez daigné intervenir au milieu de ces saintes et funèbres cérémonies, vous me permettrez de renvoyer, des rivages de Carthage aux rives du Tibre, la parole même dans laquelle le premier de vos prédécesseurs, le batelier galiléen, exprimait au divin Maître les sentiments de la plus confiante soumission. *In verbo tuo laxabo rete* (2).

***

La Providence n'avait-elle pas ses raisons quand elle plaçait le berceau du futur archevêque d'Alger et de Car-

(1) Mgr Soubrier, évêque d'Oran.
(2) Luc, v, 5.

thage au pied des Pyrénées et sur les bords de l'Océan ?

A la façon personnelle, saisissante, émue, dont il a toujours parlé de la mer et des montagnes, on sent qu'il avait reçu là, dès ses premières années, des impressions profondes et ineffaçables. Suivant la parole du Psalmiste, ces imposants spectacles de la nature avaient été pour lui révélateurs de l'omnipotence et de la majesté de Dieu. *Mirabiles elationes maris ; mirabilis in altis Dominus* (1). Qui sait même si, au milieu de ses joyeux ébats sur les grèves qui s'étendent de Bayonne à la Bidassoa, l'enfant n'avait pas interrogé quelquefois ces flots toujours agités et ne s'était pas demandé vers quelles terres lointaines ils conduiraient un jour ses pas ?

Quoi qu'il en soit, le dessein le plus haut, le plus généreux que puisse former un chrétien, s'était emparé avec force de son âme dès le premier éveil de la raison et sous l'action de la grâce. Il avait dit : « je veux être prêtre ».

D'après cet orateur du quatrième siècle à qui son éloquence a mérité le surnom de « Bouche d'or », le prêtre, c'est cet « homme universel qui s'intéresse aux épreuves « et aux souffrances de l'humanité comme si le monde « entier lui avait été confié et qu'il eût été établi le père « de tous ses semblables (2). »

N'exagérons rien. Le jeune Charles n'avait pas lu saint

(1) Ps. XCII, 4.

(2) ... Quasi si totus mundus ei creditus sit ; quasi sit omnium pater. (S. Joann. Chrys., de Sacerd. l. VI, n° 4, et Hom. VI, in cap. 2°, I ep. ad Tim. n° 1.)

Jean Chrysostome ni son *Traité du Sacerdoce* quand il sollicitait du vénérable évêque de Bayonne (1) la faveur d'être admis au petit séminaire diocésain pour y commencer des études en vue de l'état ecclésiastique. Toute son ambition, telle qu'il l'exprimait dans son naïf langage, c'était de devenir « curé de campagne ».

N'ai-je pas tort de dire : « toute son ambition » ? Est-ce donc si peu de chose que d'être « curé de campagne ? » Dieu me garde, mes Frères, de l'insinuer, ou même de le penser! La valeur intrinsèque de notre sacerdoce est indépendante des formes extérieures sous lesquelles il s'exerce au service de Dieu, de l'Eglise et des âmes. Que l'on célèbre le sacrifice de la Messe sous le riche baldaquin de Saint-Pierre de Rome ou bien entre les cloisons mal jointes d'un pauvre gourbi arabe, ici et là, il n'y a pas deux manières différentes de consacrer le corps de Jésus-Christ. Que l'on prêche l'Evangile à des paysans illettrés, ou que, dans des discours universellement applaudis par les esprits cultivés, on disserte avec éloquence sur les plus profonds mystères de la foi, ici et là, on annonce les mêmes surnaturelles vérités ; ici et là, c'est la même charité qui inspire au ministre de la divine parole de faire connaître à ses frères les secrets et les ressources de la vie éternelle.

Au mois d'octobre 1840, le jeune écolier quittait le petit séminaire de Laressore pour aller continuer et achever ses études dans la maison de Saint-Nicolas du Chardonnet, à

(1) Mgr Lacroix.

Paris. Il y devait subir l'action d'un prêtre à l'âme de feu, incapable de souffrir chez les enfants confiés à ses soins rien de bas et de médiocre, pénétré à fond de cette maxime qu'il répétait souvent à son entourage : « Pour être prêtre, il faut être né grand, ou le devenir (1) ». J'ai nommé l'abbé Dupanloup, cet incomparable éducateur qui, devenu vieil évêque, put se sentir revivre dans les élans, les entreprises chevaleresques — parlons le langage des Livres saints — dans les *audaces* du disciple auquel, par ses leçons et par ses exemples, il avait appris à n'avoir peur de rien, toutes les fois qu'il s'agirait d'aller en avant pour Dieu : *Cùm sumpsisset cor ejus audaciam propter vias Domini* (2).

Quelques années après la mort de l'évêque d'Orléans, Mgr Lavigerie écrivait au biographe du maître de sa jeunesse et le félicitait de son beau travail. Voici le portrait qu'il traçait de son ancien supérieur :

« Son port, sa démarche, son regard, sa parole qui ré- « vélait des accents si pénétrants et si nouveaux : tout « nous subjuguait dans un mélange d'admiration, de « crainte et de respect que je n'ai plus retrouvé nulle part « au même degré. Il s'en servait pour nous entraîner à « la manière d'un ouragan de lumière et de feu, cour- « bant et absorbant tout, comme c'est la loi des person- « nalités puissantes, égoïstes en apparence pour ceux qui « ne voient que le dehors, mais, en réalité, chez lui tout « le contraire. Car, s'il voulait tout prendre, c'était pour

(1) Res excelsum animum requirit. (S. Joann. Chrys.)
(2) II Paral, XVII, 6.

« tout donner à Jésus-Christ, selon le plan divin tracé « par saint Paul : *Omnia vestra sunt, vos autem Christi* » (I Cor. III, 22, 23) (1).

Je vous en fais juges, Messieurs, l'archevêque d'Alger ne s'est-il pas peint lui-même au naturel, quand il a décrit d'une façon si pittoresque ces « ouragans » devant lesquels tout doit céder, se courber, disparaître ? Et ne plaidait-il pas d'avance sa propre cause lorsqu'il vengeait du reproche d'égoïsme ces personnalités puissantes qui ne se font pas scrupule de s'affranchir des règles communes ,quand il s'agit de défendre et de promouvoir les intérêts généraux ?

*
* *

Oui, tout prendre, pour tout donner à Dieu, telle est la loi constitutive du sacerdoce catholique. Mais il demeure bien entendu qu'avant d'entreprendre de donner les autres à Jésus-Christ, le prêtre doit commencer par se donner lui-même, en toute loyauté, et sans réserve. Et il ne suffit pas qu'il donne son temps, son activité, ses démarches, ses forces, sa santé ; il faut encore, il faut surtout que, dans un sacrifice absolu et toujours renouvelé de lui-même, il livre le fond le plus intime et le plus vivant de son être, suivant la parole du grand Apôtre : *Ego autem libentissime impendam et superimpendar ipse pro animabus vestris* (2).

(1) Lettre à M. l'abbé Lagrange, aujourd'hui évêque de Chartres, auteur de la *Vie de Mgr Dupanloup*.

(2) II Cor. XII, 15.

Quant aux formes de ce don, elles se diversifient suivant les nécessités de l'Eglise et les besoins des âmes ; mais c'est toujours le même esprit de Dieu qui inspire les labeurs et les dévouements, ici du docteur qui devra enseigner en son nom, là du pasteur auquel il confiera les œuvres de sa miséricorde, ailleurs du ministre appelé par sa volonté à porter le fardeau et les responsabilités du gouvernement (1).

Je n'irai pas jusqu'à dire que l'abbé Lavigerie fût, au sortir du grand séminaire, un homme universel. Toutefois, il était doué d'aptitudes si diverses et si remarquables qu'on pouvait prédire à coup sûr qu'il s'acquitterait avec succès de toutes les missions dont la Providence le chargerait. De fait, sauf précisément le ministère pastoral du curé de campagne que sa pieuse adolescence avait d'abord uniquement envisagé comme le terme final de sa vocation au sacerdoce, n'a-t-il pas exercé à peu près toutes les fonctions à l'aide desquelles l'Eglise travaille en ce monde à l'établissement et à l'extension du règne de Dieu ?

Docteur ès lettres et en théologie, il enseignait de la façon la plus brillante l'histoire ecclésiastique dans cette illustre école de la Sorbonne où j'ai eu l'honneur d'être son second successeur (2), lorsqu'on fit appel à sa bonne volonté en faveur d'une œuvre récemment établie et que

(1) Ep. aux Romains, XII, 7, 8. Ire Ep. Cor. XII, 5-11.

(2) Après l'abbé Lavigerie, cette chaire fut occupée par l'abbé Henri Perreyve, qui fut pour moi un frère plus qu'un ami et dont je recueillis l'héritage, après sa mort prématurée arrivée en 1865.

ses fondateurs sentaient le besoin de confier à un homme capable de la faire connaître et de trouver les ressources qui lui étaient nécessaires.

Cette transition de la vie sédentaire et recueillie du professorat à un ministère de charité s'effectua de la façon la plus rapide, la plus simple, j'ajoute, la plus surnaturelle.

Le Père Gagarin, le savant jésuite russe, faisait partie du conseil de l'Œuvre des écoles d'Orient. Il avait confié au Père de Ravignan, son confrère et ami, le désir exprimé par ses collaborateurs de trouver un prêtre jeune, actif, qui ne ménagerait ni lui-même, ni les autres ; dont la parole lumineuse et chaude éclairerait le public sur l'importance de l'Œuvre et saurait susciter en sa faveur les sympathies de la charité.

Le Père de Ravignan était confesseur de l'abbé Lavigerie. Sans précautions oratoires ni circonlocutions diplomatiques, il aborda directement la question avec son pénitent. Celui-ci lui répondit : « Mon Père, si vous « pensez que c'est la volonté de Dieu, je suis prêt ». Avec un laconisme non moins expressif, le P. de Ravignan répliqua : « Je le crois ». L'affaire était conclue.

Ce que l'abbé Lavigerie, mis à la tête de l'Œuvre des écoles d'Orient, fit pour elle durant cinq années, de 1856 à 1861, par ses lettres, ses courses, ses prédications à Paris et en province, et par les quêtes ructueuses dont toutes ces démarches furent suivies : je n'entreprends pas de le raconter ; je laisse cette tâche à son futur historien.

Je ne puis cependant passer sous silence la mission extraordinaire dont il s'acquitta avec tant d'intrépidité et de succès en 1860.

« Donnez au sage une occasion, est-il dit dans nos « livres sacrés, et elle lui servira à mettre au jour une « plus grande sagesse (1). »

Les massacres de Syrie et du Liban, au printemps de l'année 1860, furent la circonstance dont la Providence se servit pour mettre en évidence les facultés exceptionnelles d'intelligence, de cœur, d'intrépidité, dont elle l'avait doué si richement. Plus de deux millions (2), réunis par ses soins en quelques semaines, furent immédiatement convertis par lui en secours de toute sorte qu'il ne se borna pas à envoyer de loin, par voie administrative, mais qu'il alla porter et distribuer lui-même. On le vit alors visiter les localités les plus éprouvées, répandre avec d'abondantes aumônes les paroles de consolation et provoquer partout sur son passage les sentiments les plus vifs d'admiration et d'amour envers l'Eglise catholique et envers la France, deux causes dont il était la vivante personnification pour les opprimés dont il soulageait les inénarrables détresses et relevait le courage abattu.

Il a dit lui-même plus tard comment ce contact avec le monde oriental lui révéla sa véritable vocation, celle qui devait, Messieurs, l'attirer plus tard au milieu de vous et l'y fixer pour tout le reste de sa vie (3).

(1) Da sapienti occasionem et addetur ei sapientia. (Prov. IX, 9.)

(2) Chiffre exact, 2,308,000 francs.

(3) « C'est parmi les chrétiens de la Syrie... que j'ai vu pour la première

Ce que l'on sait moins, ce qui fut cependant pour lui, je n'hésite pas à le dire, la cause d'un plus grand mérite devant Dieu que tant d'actes héroïques dont les hommes l'avaient aussitôt récompensé par leur admiration et leurs louanges, ce sont les dispositions d'âme dans lesquelles il s'était acquitté de cette noble mission :

« J'étais convaincu, écrivait-il, que je ne reviendrais « pas de ce voyage et que je mourrais sur cette terre « d'Orient que j'allais secourir. Je disais donc intérieure- « ment adieu à ma famille, à mes études, à tout ce que « j'avais aimé jusque-là ; et cependant, cet adieu ne « m'attristait pas, et j'éprouvais une secrète joie, en « pensant que j'allais mourir, si Dieu le voulait, pour « secourir mes frères (1). »

Voilà, Messieurs, le vrai dévouement chrétien et sacerdotal : *libentissime impendam et superimpendar ipse !*

Le jeune directeur avait généreusement offert à Dieu le sacrifice de sa vie. Dieu se contenta de l'oblation et n'exigea pas le sacrifice. Il tenait ce prêtre en réserve pour d'autres labeurs.

Cependant, l'abbé Lavigerie était revenu blessé (2), de cette expédition de la charité en Orient. On lui procura un repos honorable en l'envoyant à Rome en qualité

fois et aimé leur soleil, qui est le soleil de notre Afrique, que j'ai connu ma vocation véritable. » (Œuvres choisies, t. II, p. 6.)

(1) Cité par M. l'abbé Payan d'Augery, vicaire général de Marseille, dans le compte rendu de l'Œuvre des écoles d'Orient, lu le 27 janvier 1893, p. 5.

(2) Il fit dans les montagnes du Liban une chute de cheval qui lui déboita l'épaule et lui cassa le coude.

d'Auditeur de Rote, et il dut à cette haute situation le précieux avantage de pouvoir séjourner deux ans dans la monde chrétien.

*
* *

Voir Rome, quand on est enfant de l'Eglise catholique, et surtout quand on est prêtre, c'est une grâce dont savent le prix ceux mêmes auxquels il n'est donné de n'y faire qu'un pèlerinage de quelques jours.

Mais demeurer à Rome un temps considérable ; avoir tout le loisir de visiter à son aise ces sanctuaires fameux ; de voir et de revoir dans leur si instructif et saisissant contraste les plus grands souvenirs des deux antiquités ; n'avoir point à compter avec les exigences d'un itinéraire parcimonieux et essoufflé, avec les sommations impératives d'un guide qui calcule les minutes et comprime à chaque instant par ses injonctions les émotions les plus profondes de l'âme ; jouir au contraire de la pleine liberté de pouvoir s'isoler, se taire, méditer au milieu de ces ruines et s'identifier ainsi avec les pensées, les sentiments de tant de grandes âmes qui, dans ces lieux mêmes, portèrent jusqu'à sa plus décisive expression le témoignage de leur foi en Jésus-Christ : voilà les vraies conditions pour connaître et apprécier Rome. Je n'en parle pas sans une émotion dont les années ne sauraient émousser la vivacité. C'est bien de la sorte qu'à l'aurore de ma vie sacerdotale, durant six mois consécutifs, je pénétrai dans l'intelligence des deux Romes, celle des Césars et celle des Papes, en compagnie de ce cher Henri Perreyve, à qui précisément, en l'année 1861, devait échoir la succession de l'abbé Lavigerie à la Sorbonne.

Pendant ce temps privilégié de sa vie, l'Auditeur de Rote sentit grandir en lui à l'égard de l'Église Romaine, mère et maîtresse de toutes les Églises, une admiration plus réfléchie, une plus filiale obéissance, une affection plus reconnaissante et plus tendre. Il s'y pénétra aussi à fond de cet esprit universel qui donne tant de sérénité et de force aux successeurs de saint Pierre et leur permet de dominer de bien haut les orages des révolutions terrestres. C'est ainsi que de loin, et sans qu'il en eût conscience, la Providence le préparait à devenir un des membres les plus écoutés de cet auguste sénat des cardinaux dont il devait porter un jour la pourpre avec tant de majesté sur les sièges les plus illustres de votre Église d'Afrique.

*
* *

Votre Augustin, Messeigneurs, a dit excellemment de Dieu « qu'il est patient parce qu'il est éternel » (1). D'autre part, il est écrit dans nos saints Livres que « devant « Lui, mille années ne comptent pas plus qu'un jour et « qu'un jour vaut mille années » (2). Voilà pourquoi, dans certaines occurrences, on dirait plutôt qu'il se hâte et qu'il « abrège les temps » (3), afin d'arriver plus tôt à l'accomplissement de ses desseins.

(1) Deus patiens est, quia æternus est. (Enarr. in Ps. xci, n° 7.)
(2) 2e Ep. de S. Pierre, iii, 8.
(3) Daniel, ix, 24.

Il voulait que le prêtre dont nous parlons devînt évêque et qu'il le fût longtemps, parce qu'il avait décrété de lui confier des œuvres qui devaient exiger de lui de laborieux et persévérants efforts. Aussi le dispensa-t-il des lents noviciats et des stages prolongés. « Concluons vite », c'est un des commandements intimés au prophète Ezéchiel: *Fac conclusionem* (1). Telle semble avoir été la conduite providentielle à l'égard du futur archevêque d'Alger. Dieu se presse de l'amener sur le vrai et définitif théâtre de son action apostolique. Toutefois, pour l'y préparer immédiatement, il l'enverra passer quatre années à la tête du diocèse de Nancy où l'activité féconde du jeune évêque compensera la brièveté du temps (2). Je crois pouvoir appliquer à ces quatre années les gracieuses comparaisons employées par Pontius, lorsqu'il dit de l'épiscopat de saint Cyprien « que la moisson vint presque avant les semailles, et que la vigne donna plus « vite des fruits que des pampres » (3).

Je demande pardon à notre religieuse et fidèle Lorraine, toujours unie dans nos affections, nos patriotiques regrets et nos espérances, à l'Alsace sa sœur, si je mentionne trop sommairement le passage de Mgr Lavigerie à Nancy. J'essaierai de compenser ce laconisme obligé en citant le bel hommage que lui rendait naguère son successeur immédiat sur ce beau siège, au nom d'une amitié qui

(1) Ezech. VII, 23.

(2) Consummatus in brevi explevit tempora multa. (Sap. IV, 13).

(3) Prævenit, si potest dici, tritura sementem, vindemia palmitem. (C. II.)

datait d'un demi-siècle, « depuis ce temps des premières « études classiques où, sans pouvoir pressentir les desti- « nées du futur cardinal, ses condisciples n'avaient pas « de peine à entrevoir que l'ardeur de sa foi, sa vive « intelligence, ses rares aptitudes, ses précieuses facultés « d'initiative et d'organisation lui réservaient dans l'a- « venir une place peu commune dans l'Église ou dans « la société civile (1) ».

C'est en ces termes qu'il y a quatre mois le cardinal Foulon appréciait le cardinal Lavigerie, et presque aussitôt, le Primat des Gaules allait rejoindre dans la tombe le Primat d'Afrique. Après avoir parcouru une carrière glorieuse et être arrivés au faîte des honneurs, les deux amis, un instant séparés par la mort, se sont vite rejoints au delà de la tombe ! *Decori in vita sua, in morte quoque non sunt divisi* (2).

Le 16 novembre 1866, après avoir déployé pendant vingt ans au service de notre colonie française d'Afrique toutes les ressources d'une belle intelligence, d'un grand cœur, et d'un zèle inspiré par le plus pur esprit de foi, Mgr Pavy, second évêque d'Alger, couronnait par une sainte mort une vie dépensée sans mesure en Afrique pour la cause de Jésus-Christ.

Il quittait cette terre au moment même où, d'un commun accord, le Saint-Siège et le gouvernement français avaient résolu de pourvoir plus abondamment aux besoins spirituels de la colonie. En effet, le 25 juillet, trois Bulles

(1) Lettre circulaire du 15 décembre 1892.
(2) II Reg. I, 23.

de S. S. le Pape Pie IX avaient érigé Alger en archevêché et lui avaient donné pour diocèses suffragants Oran et Constantine. Le pieux pontife, succombant à la peine après avoir si bien travaillé dans l'immense territoire dont il avait été le seul pasteur, rendait son âme à Dieu peu de temps avant que la tenue officielle d'un consistoire lui permît de prendre le titre de premier archevêque d'Alger (1).

Dès le lendemain de sa mort, le maréchal de Mac-Mahon, gouverneur général de l'Algérie, après avoir sondé les intentions du gouvernement, écrivait à l'évêque de Nancy pour lui offrir la succession de Mgr Pavy. Avec une noble loyauté, il avait soin de viser exclusivement dans sa proposition les grandes difficultés inhérentes au poste devenu vacant. Puis il ajoutait : « Je connais votre zèle « pour la religion et je suis persuadé que ce ne sont pas « ces difficultés qui pourront arrêter un homme de votre « caractère » (2).

Le maréchal avait parlé en soldat et en chrétien. Mgr Lavigerie répondit en évêque et en soldat. « Vous me « proposez une mission pénible, laborieuse, qui entraîne « avec elle l'exil, l'abandon de tout ce qui m'est cher. « Vous pensez que j'y puis faire plus de bien qu'un autre. « Un évêque catholique ne peut répondre qu'une seule « chose à une semblable proposition. Quoi qu'il m'en

(1) Voir la très intéressante *Vie de Mgr Pavy* écrite par son digne frère, M. l'abbé L.-C. Pavy, mort vicaire général d'Alger. (Paris, chez Lecoffre.)

(2) Compiègne, 17 novembre 1866.

« coûte, j'accepte le douloureux sacrifice qui m'est « offert » (1).

Les conseils prudents ne lui avaient pas fait défaut. C'était, lui avait-on dit, une vraie folie de quitter le beau, religieux et riche diocèse où il venait à peine de s'installer, pour s'en aller à une mission lointaine, hérissée d'obstacles et qui pouvait être pour lui féconde en échecs pénibles et humiliants.

A ces objections il avait répondu avec un mélange touchant de foi évangélique et de vaillance naturelle : « Quel « motif puis-je avoir devant Dieu pour me refuser à un tel « appel? Je sais à quoi je renonce ; je sais aussi que je « puis trouver de grands obstacles et m'y briser absolu- « ment ; mais je crois ne pouvoir me soustraire à ce que « la Providence demande de moi. D'ailleurs, j'ai la jeu- « nesse, l'habitude de la parole, celle de grouper les « volontés et les ressources » (2).

Et il partit.

Le 16 mai 1867, il mettait le pied pour la première fois sur la terre africaine. Il pouvait se redire à lui-même, afin de s'affermir dans son dessein, les paroles de saint Paul : « Partout où je passe, l'Esprit de Dieu m'avertit que « des liens et des tribulations m'attendent à Jérusalem. « Mais je ne crains rien de tout cela et je fais bon marché « de ma vie, pourvu que j'accomplisse ma mission et que

(1) Nancy, 19 novembre 1866. (Œuvres choisies du Cardinal, t. I, p. 184 et 185)

(2) Recueil de Mgr Grussenmeyer, *Vingt-cinq années d'épiscopat en France et en Afrique*, t. I, p. 108.

« je m'acquitte du mandat qui m'a été confié par le Sei-
« gneur Jésus de rendre témoignage à son Evangile » (1).

Cette simple et sainte déclaration du grand Apôtre résume bien le quart de siècle durant lequel le vaillant archevêque s'est dépensé sans mesure afin, lui aussi, « d'accomplir sa mission et de rendre témoignage à « l'Evangile de Jésus-Christ ».

*
* *

Au moment où il va débuter dans cette nouvelle carrière qui n'aura d'autre terme que la mort et le tombeau, j'éprouve le besoin de me recueillir et de jeter vers Dieu ce cri d'admiration emprunté au psaume 103e : « Seigneur, « vous qui êtes revêtu de lumière, vous envoyez vos mi- « nistres devant vous comme un feu dévorant » (2).

Ce feu, Messieurs, qui embrase les âmes des apôtres, et doit se communiquer par eux aux autres hommes, c'est précisément celui que le Sauveur est venu apporter parmi nous, et dont il a dit que sa volonté était de le voir s'allumer par toute la terre (3).

Dès la première heure de son appel à l'épiscopat, Mgr Lavigerie avait pris pour devise le mot « charité ».

Ses œuvres, ses épreuves, ses triomphes, ont été l'application constante de cette devise dans laquelle se résume

(1) Actes des Apôtres, xx, 23-24.

(2) Amictus lumine sicut vestimento, facis ministros tuos ignem urentem. (Ps. CIII.)

(3) Ignem veni mittere in terram, et quid volo nisi ut accendatur (Luc. XII, 49.)

tout l'esprit du christianisme. Serviteur fidèle du Dieu qui a la lumière pour vêtement, il a été un de ces ministres auxquels le Seigneur donne mission de porter au loin et de répandre partout les saintes ardeurs de la charité. *Facis ministros tuos ignem urentem.*

A l'exemple de saint Augustin qui, prêchant ici même, à Carthage, intercalait dans son discours et lisait à ses auditeurs des citations empruntées aux écrits de saint Cyprien (1), je vais vous prier d'entendre quelques pages détachées des œuvres du Cardinal.

Mieux que mes paroles, elles vous feront connaître l'idée maîtresse de ses nombreuses entreprises, et vous livreront pour ainsi dire le secret de toute sa vie.

« Quels noms que ceux de Carthage, d'Hippone, d'U-
« tique, de Cirta ; que ceux de Scipion, d'Annibal, de Ma-
« rius, de Caton, de Jugurtha et de César !

« Qu'elle était grande, cette Eglise africaine, avec ses
« sept cents évêques, ses temples innombrables, ses
« monastères, ses docteurs ! Son sol fumait du sang des
« martyrs ; ses conciles où la fermeté et la sagesse de ses
« évêques étaient l'exemple du monde chrétien, deve-
« naient la règle de la sainte discipline ; l'Eglise entière
« se glorifiait de recevoir l'expression et l'intelligence
« de ses dogmes de la bouche des Cyprien et des Au-
« gustin. Ses vierges surpassaient en courage devant les
« bourreaux les hommes les plus intrépides. Les grottes

(1) Rogo vos ut paululum acquiescatis. Lego tantum. Sanctus Cyprianus est quem in manus sumpsi. (S. Aug. Serm. 294, n° 20.)

« de ses montagnes et les oasis de ses déserts étaient « embaumées par les vertus de ses solitaires et, tout « entière, elle offrait au monde un objet d'admiration et « de sainte envie (1). »

Ne croirait-on pas entendre le mystérieux époux des Cantiques célébrant dans un langage tout lyrique les chastes attraits de l'épouse tant aimée ? « Je suis noire, « a dit celle-ci : mais je suis belle » ; et celui dont elle a blessé le cœur s'écrie : « O amie! ô sœur ! ô épouse ! que « vous êtes belle (2) ! »

Plus tard, il dédiait à ses fils bien-aimés, — c'était vous, mes Révérends Pères, qu'il appelait ainsi, — un choix de ses lettres et de ses discours. « Ces écrits, leur « disait-il, vous rappelleront mes pensées, mes conseils, « mes luttes d'un quart de siècle.

« Au fond, sous des formes diverses en apparence, un « seul sentiment les inspire.

« Ce sentiment, c'est celui que Notre-Seigneur deman- « dait à Pierre pour en faire le chef de ses apôtres ; celui « que saint Augustin, le docteur de notre Afrique et de « toute l'Eglise, proclame la loi unique des chrétiens ; « celui que j'ai pris moi-même pour devise : l'amour « de Dieu et celui de tant de pauvres âmes abandonnées.

« Cet amour m'a soutenu au milieu des difficultés et « des travaux qui ont usé ma vie avant l'heure.

(1) Mandement de prise de possession du siège d'Alger. (Œuvres choisies, t I, p. 3.)

(2) Nigra sum sed formosa. Quam pulchra es, amica mea, quam pulchra es. Vulnerasti cor meum, soror mea, sponsa. (Cant. I, 4 ; IV, 9.)

. . . .

« Les patriarches ont aimé jusqu'aux pierres de Sion, « symbole pour eux de tant d'espérances. *Placuerunt ser-* « *vis tuis lapides ejus.* A leur exemple, j'ai tout aimé « dans notre Afrique : son passé, son avenir, ses mon- « tagnes, son ciel pur, son soleil, les grandes lignes « de ses déserts, les flots d'azur qui la baignent. »

Et il ajoutait :

« Aimez les peuples auxquels vous êtes envoyés.

« Aimez-les comme une mère aime ses fils, en propor- « tion de leur misère et de leur faiblesse.

« Aimez l'Afrique qui est loin de nous, pour les plaies « saignantes de son esclavage, pour les cris de douleur « qui s'élèvent depuis tant de siècles de ses profondeurs. « Aimez l'Afrique qui est plus voisine et qui a été chré- « tienne autrefois, pour ses infortunes passées, pour ses « grands hommes, pour ses saints (1). »

Oui, vraiment, il a tout aimé, passionnément aimé, de cette terre où la main de Dieu le conduisait à l'âge de quarante-deux ans, et dont les destinées religieuses étaient remises par la sainte Eglise à sa maturité précoce en même temps qu'aux ardentes initiatives de son zèle !

*
* *

Un des premiers fruits de cet amour pastoral, inspiré par la foi et par la piété, fut la résurrection de vos gloires liturgiques.

(1) Œuvres choisies, t. I. Avant-propos.

Quels trésors que ceux de l'Afrique chrétienne ! Que de saints et quels saints ! J'ai eu entre les mains le calendrier de vos fêtes africaines. J'ai pu suivre, d'après l'ordre chronologique des saisons et des jours de l'année, les récits de leur vie et de leur mort. Tour à tour, transporté d'admiration ou ému jusqu'aux larmes, je saluais leur apparition dans le firmament de votre histoire sacrée comme, par une belle nuit d'été, on contemple, au fur et à mesure qu'elles apparaissent dans le ciel, ces étoiles, ces planètes, ces constellations qui semblent chanter là-haut un perpétuel cantique de louange en l'honneur du Tout-Puissant (1).

Le premier concile provincial d'Alger, réuni en 1873, soumit à la sanction suprême du Saint-Siège tous les documents relatifs aux saints des Eglises d'Afrique, avec leurs légendes authentiques empruntées à vos anciens annalistes, et ces belles homélies pour lesquelles ont été mis à contribution saint Cyprien, saint Fulgence, saint Optat de Milève, et plus que tous les autres cet inépuisable saint Augustin, dont la parole, si souvent entendue dans les basiliques d'Hippone et de Carthage, ne se lassait pas de commenter devant les fidèles les exemples et les vertus de leurs ancêtres dans la foi.

De tout cela, résulta un magnifique travail que Rome revêtit de son approbation. Il forme assurément une des pierres les plus précieuses de la couronne de gloire qui ceint le front de votre antique et illustre Eglise.

(1) Cœli enarrant gloriam Dei et opera manuum ejus annuntiat firmamentum. (Ps. XVIII, 1.)

Parmi les œuvres du Cardinal dans lesquelles il a fait revivre de la façon la plus satisfaisante la doctrine, l'éloquence, la tendre piété de vos docteurs, je tiens très particulièrement à citer la Lettre pastorale écrite par lui le 2 février 1886 pour établir sur le territoire de l'ancien diocèse de Carthage la pratique de l'adoration perpétuelle du Très Saint-Sacrement.

De cette Lettre je détacherai, pour la mettre en relief, une parole de saint Augustin. J'y trouve un très précieux témoignage rendu par l'évêque d'Hippone aux sentiments de foi dont les habitants de cette partie de l'Afrique étaient pénétrés à l'égard du mystère ineffable de la présence réelle de Jésus-Christ caché sous le voile des espèces eucharistiques.

« C'est excellemment, disait saint Augustin, que les « chrétiens puniques n'appellent pas le Sacrement du « corps du Christ autrement que LA VIE. Pourquoi cela, « si ce n'est en vertu d'une tradition fort ancienne et « même que je regarde comme apostolique, enseignant « à l'Eglise que sans la participation à la table du Sei- « gneur, aucun homme ne peut arriver au salut et à « la vie éternelle (1) ? »

Nous sommes encore redevables à saint Augustin, appuyé sur l'autorité des usages les plus anciens de vos

(1) Optime punici christiani sacramentum corporis Christi nihil aliud quam VITAM vocant; unde ? nisi ex antiqua, ut existimo, et apostolica traditione qua ecclesiæ Christi insitum tenent præter participationem mensæ dominicæ non posse quemquam hominum pervenire ad salutem et vitam æternam. (S. Aug. ad Marcellum. L. I, c. 24.)

églises, de savoir comment par le seul mot *Amen* prononcé au moment même de la communion, les chrétiens de son temps exprimaient leur ferme créance au prodige tout miséricordieux de l'Eucharistie. « Au moment de vous « le présenter à manger, le prêtre vous dit : le Corps du « Christ, et vous répondez : Amen ; et en répondant ainsi, « vous souscrivez à ce qui vous est dit (1). »

Après avoir enchâssé ces textes d'une incomparable valeur au milieu de tous ceux qu'il avait empruntés sur le même sujet aux autres Pères et Docteurs de l'Eglise d'Afrique, ainsi qu'aux inscriptions tumulaires retrouvées et classées ici même avec tant de patience, de sagacité, d'intelligence par un des vôtres, le Cardinal s'écriait, et je ne puis redire ses paroles sans une profonde émotion :

« Est-ce illusion, est-ce amour de pasteur pour cette « terre sanctifiée à laquelle j'ai voué ma vie et sur laquelle « je veux mourir ? Ou plutôt, n'est-ce pas la lumière, la « chaleur de la vérité même ? Comme les deux disciples, « je sentais « mon cœur s'enflammer pendant que Jésus-« Christ nous parlait ainsi » par la voix de notre ancienne « Eglise. »

Il ajoutait : « Les instructions que je vous adresse d'or-« dinaire, je les prépare devant Dieu dans le calme de la « réflexion et de l'étude. Celle-ci, j'aurais voulu pouvoir « l'écrire à genoux, devant l'autel, et la tracer avec mon « cœur.

(1) Ad id quod estis, *amen* respondetis et respondendo subscribitis. Audis ergo : Corpus Christi, et respondes : amen. (S. Aug. Serm. 272.)

« O Seigneur! qu'il est doux de croire en vous et de vous « servir, là où de tels hommes ont cru en vous et vous ont « servi; de contempler chaque jour le même ciel et de « recevoir la même lumière, de voir les mêmes horizons « où leur cœur apprenait à vous admirer et à vous louer « dans vos œuvres (1)! »

De tels accents ne sont-ils pas révélateurs du feu de la charité? A qui en parlait si bien le langage, comment n'appliquerais-je pas l'éloge décerné par l'Esprit-Saint au prophète Elie : « *Surrexit quasi ignis, et verbum illius quasi facula ardebat!*

***

Mais si Mgr Lavigerie a aimé l'Afrique en appréciateur délicat de ses beautés naturelles; en historien et en archéologue, épris de ses gloires; en théologien et en apologiste, fier de toutes les ressources qu'elle donne aux défenseurs de la religion, il l'a surtout aimée en apôtre. A l'exemple du Pasteur suprême, le Sauveur Jésus, il a prouvé à son Eglise l'amour dont il était consumé pour elle par les travaux qu'il a entrepris, les combats qu'il a soutenus, les épreuves dont il a souffert. *Christus dilexit Ecclesiam et seipsum tradidit pro ea* (2).

Il y a peu d'instants, je disais que les massacres de Syrie avaient été l'occasion dont la Providence s'était servie pour montrer à l'Occident et à l'Orient ce que valait l'abbé

(1) Lettre pastorale du 2 février 1886, p. 47.

(2) Eph. v, 25.

Lavigerie et quelles ressources exceptionnelles d'intelligence, de caractère, de volonté, de charité compatissante et inépuisable elle avait mises en lui. *Da sapienti occasionem et addetur ei sapientia.*

Une épreuve analogue l'attendait aux débuts de son ministère pastoral sur la terre d'Afrique. Elle ne devait pas moins que la première mettre en évidence les éminentes qualités de son esprit et de son cœur.

Je veux parler de la famine qui sévit sur l'Algérie dans le courant de l'hiver de 1867 et lui imposa tout d'un coup les devoirs les plus impérieux avec d'écrasantes responsabilités. Mais, en retour, elle fit voir les sublimes inspirations qui jaillissent comme d'elles-mêmes de ce que saint Paul a si bien nommé « le bon génie de la charité » (1).

Comment ne saluerais-je pas « ce bon génie », Messieurs, moi qui parle si près de cette ville de Tunis où a vécu dans les fers, comme un pauvre esclave, l'humble prêtre avec qui, depuis deux siècles et demi, semble s'être identifiée la charité née de l'Evangile? Vous me saurez gré, j'en suis sûr, d'évoquer de tels souvenirs à la gloire de la France qui trouve là peut-être les titres les plus solides de son protectorat sur ce pays. Saint Louis et saint Vincent de Paul ont abordé à ces rivages. Le premier y a terminé, le second y a commencé sa carrière de saint; tous deux ont légué à leur patrie l'immortel renom et l'éclat ineffaçable du dévouement le plus pur et le plus désintéressé aux causes les meilleures parmi celles qui

(1) Ingenium bonum charitatis. (II Cor. VIII, 8.)

méritent de passionner les hommes ; tous deux aussi se sont acquis des droits impérissables à notre admiration et à notre reconnaissance.

Provoquer immédiatement d'abondantes aumônes ; recueillir les orphelins qui, par milliers, auraient péri d'inanition comme leurs malheureux parents, si un Evêque catholique n'avait été là pour leur créer des asiles, les confier à des pères et à des mères d'adoption chez lesquels ces infortunées et innocentes victimes étaient assurées de trouver ce que la langue chrétienne appelle d'un mot presque intraduisible « les entrailles de la misé- « ricorde » (1) : telles furent les premières démarches que les circonstances imposèrent au nouvel archevêque d'Alger. Il y déploya ses qualités dominantes : le coup d'œil rapide et sûr qui se rend un compte immédiat des difficultés, l'énergique volonté qui traduit les pensées en actes, la persévérance indomptable qui tourne ou renverse les obstacles, mais finit toujours par en avoir raison et atteindre le but proposé. L'Algérie d'abord, puis la France, et après elles le monde civilisé applaudirent à l'envi, quand des ruines de toute sorte amoncelées par cette famine on vit surgir ces intelligentes créations qui garantissaient l'avenir en même temps qu'elles remédiaient aux calamités présentes, je veux parler de ces villages de Saint-Cyprien des Ataffs et de Sainte-Monique, uniquement peuplés d'orphelins arabes redevables à la charité d'un Evêque d'avoir été arrachés à une mort certaine, et

(1) Col. III, 12.

devenus, par le droit de la plus légitime de toutes les conquêtes, les enfants privilégiés de l'Eglise catholique.

Cette douloureuse épreuve devait avoir d'autres conséquences plus considérables encore et non moins consolantes (1).

*
* *

Dans ses vigoureuses polémiques avec ces Manichéens dont il avait autrefois partagé les erreurs, saint Augustin a plus d'une fois abordé la question redoutable de l'existence du mal sur la terre. Dieu est tout-puissant en même temps qu'il est infiniment bon. A ces deux titres, pourquoi n'empêche-t-il pas le mal de se produire? Que d'âmes se heurtent à ce mystère et y perdent, souvent sans retour, non seulement la foi surnaturelle aux vérités du christianisme, mais les principes même les plus essentiels de la philosophie et de la théodicée naturelles !

Le grand docteur excelle à montrer par les principes les plus élevés de la théologie que la permission du mal trouve sa compensation surabondante dans le surcroît de bien dont elle devient l'occasion ; et son fécond génie multiplie les arguments les plus propres à expliquer et à justifier la conduite de Dieu, « lequel, dit-il, a trouvé

(1) Au moment où ce discours était prononcé, la terrible épreuve de la famine sévissait de nouveau dans le territoire du Chéliff et donnait occasion à Mgr Dusserre de se faire à son tour, comme son illustre prédécesseur, le charitable et zélé pourvoyeur des tribus arabes réduites à un affreux dénuement. On a encore recueilli de nombreux orphelins, placés, les uns à Saint-Cyprien, les autres confiés aux Sœurs blanches de l'hôpital des Ataffs.

« meilleur de faire sortir le bien du mal que de ne pas « permettre au mal d'exister » (1).

Nous allons voir comment cette belle philosophie s'applique de la façon la plus directe aux œuvres de dévouement et d'apostolat dont l'éclosion provoquée par la famine algérienne vint justifier la Providence d'avoir permis ce fléau.

Il ne suffit pas à Mgr Lavigerie d'avoir pourvu aux besoins des orphelins, sauvé leur vie, assuré leur avenir. Cette crise douloureuse lui imposa le devoir impérieux de lutter corps à corps contre le système au nom duquel jusqu'alors il avait été officiellement interdit à notre clergé d'Algérie d'avoir la moindre relation d'apostolat avec la population indigène.

Cette prohibition, contemporaine de la première organisation du territoire conquis, n'était pas seulement une injure faite à la vertu d'expansion dont le christianisme est venu apporter la grâce parmi les hommes, afin de les gagner à la vérité ; il avait eu pour conséquence désastreuse de retarder l'assimilation si désirable des vaincus avec les conquérants. Elle était tout particulièrement inintelligente et injuste en ce qui concernait les Berbères de la Kabylie.

Il est notoire en effet que ces populations ne sont nulle-

(1) Melius judicavit de malis bene facere quam mala nulla esse permittere. (S Aug. Enchir. c. 27.) — Dans sa Somme contre les gentils, S. Thomas d'Aquin a repris cette pensée du saint évêque d'Hippone, et l'a ainsi résumée : Dum aliqua mala perpetrantur, ardentius bona optamus. — Non igitur pertinet ad divinam providentiam mala a rebus totaliter excludere. (S. Th. Aq. Contra Gentes. L. III, c. 71.)

ment arabes ni mahométanes d'origine. Elles descendent directement des populations chrétiennes des premiers siècles. Quatorze fois, contraintes par la violence de subir le joug de l'islamisme, elles l'avaient secoué quatorze fois (1). Pour échapper aux oppresseurs de leurs consciences, elles s'étaient retirées dans les défilés les plus âpres du Djurjura, se vouant à une vie pauvre et dure afin de pouvoir demeurer fidèles à Jésus-Christ. Malheureusement, sous le coup de ces persécutions incessantes, séparées de toute relation avec le reste du monde chrétien, privées d'évêques et de prêtres, ne pouvant plus entendre la prédication de l'Evangile, destituées de tout secours extérieur, elles avaient fini par céder au prosélytisme armé des Arabes. On pourrait dire qu'elles subissent encore la religion de leurs anciens oppresseurs plutôt qu'elles ne lui sont attachées par le fond de l'âme. Des souvenirs qui se transmettent de génération en génération leur rappellent « l'ancienne voie » où leurs pères avaient marché. Le signe de la croix, abhorré des musulmans, est en honneur parmi les Kabyles. Leur état social et domestique s'inspire bien plus des idées chrétiennes que de la morale de Mahomet. La polygamie n'existe pas d'ordinaire parmi eux ; la femme y est entourée de respect et elle jouit de droits que ne connaissent pas les malheureuses créatures de leur sexe dont le Coran règle la condition.

Il y a donc tout lieu de penser que, sans porter la

(1) Discours de Mgr Lavigerie sur l'armée et la mission de la France en Afrique. (Œuvres choisies, t. I, p. 47.)

moindre atteinte à cette liberté sacrée des convictions intimes pour laquelle Dieu lui-même professe un si grand respect (1), les sympathies traditionnelles des Kabyles pour le christianisme se fussent réveillées comme d'elles-mêmes, si les ministres du clergé catholique avaient pu les aborder librement et leur rappeler les croyances fondamentales de la religion de leurs ancêtres.

Mais l'administration avait dressé d'infranchissables barrières entre eux et l'action du ministère sacerdotal.

Sous l'épiscopat de Mgr Pavy, n'avait-on pas été jusqu'à placer des sentinelles à la porte de l'église de Notre-Dame-des-Victoires d'Alger, pour empêcher les Arabes d'y entrer et d'assister aux cérémonies du culte catholique ? N'avait-on pas failli intenter un procès au vénérable supérieur du grand séminaire d'Alger, coupable d'avoir appris le catéchisme à quelques pauvres enfants indigènes qui, sans lui, seraient morts de faim ? Pendant ce temps, la France donnait de l'argent pour bâtir des mosquées et même favoriser ces pèlerinages à la Mecque, dans lesquels chaque année s'attisent les haines passionnées inspirées contre les chrétiens par le fanatisme musulman.

Mgr Pavy n'avait pu que gémir d'une pareille situation. Il l'avait fait en des termes bien émouvants : « Il nous est impossible, avait-il dit, de croire et de « nous taire ; impossible de tenir enchaîné le Verbe de « Dieu ; impossible de ne pas appeler sur tout homme « venant en ce monde la lumière du Dieu vivant ; impos-

(1) Sagesse, XII, 18.

« sible de ne pas évangéliser à tous Celui qui est la voie,
« la vérité et la vie; impossible de ne pas montrer aux
« âmes le chemin du ciel; de ne pas allumer sur la mon-
« tagne le flambeau de la saine doctrine; impossible de
« laisser périr de sang-froid les âmes pour lesquelles
« Jésus-Christ est mort et auxquelles il a préparé, comme
« à nous-mêmes, une immortelle couronne (1). »

La crise de 1868 fit voir à Mgr Lavigerie que le moment était venu d'agir avec vigueur. L'acte de charité pastorale qu'il avait accompli pour arracher à une mort certaine les orphelins de la famine avait surexcité les suspicions étroites de la bureaucratie. On voulait bien reconnaître à l'archevêque le droit d'ouvrir des asiles à de pauvres petits moribonds, mais on prétendait lui interdire de faire des chrétiens de ceux qui sans lui n'auraient même pas pu devenir des hommes. La lutte devenait inévitable. Les adversaires du prélat surent vite à quel athlète ils avaient affaire.

« J'ai vu, dit saint Jean, un ange plein de vigueur;
« ses pieds ressemblaient à des colonnes de feu. Il jeta
« un grand cri, semblable au rugissement d'un lion; et
« dans cette clameur, on aurait cru entendre sept ton-
« nerres éclatant à la fois (2). »

Ecoutez le cri, je devrais dire avec l'Apôtre, écoutez le

(1) Mgr Pavy, Mandement de prise de possession, cité dans sa *Vie*, t. I, p. 457.

(2) Vidi angelum Dei fortem; pedes ejus tanquam columnæ ignis; clamavit voce magna quemadmodùm cùm eo rugit; et cùm clamasset, locuta sunt septem tonitrua voces suas. (Apoc. x, 1-3.)

rugissement de celui qui fut tout ensemble l'ange et le lion d'Afrique décidé à faire entendre sa voix jusqu'aux extrémités de la terre, pour plaider et gagner la cause de la justice et de la liberté :

« La conclusion est évidente. Elle s'affirme, elle s'écrie « d'une voix de tonnerre : il faut relever ce peuple. Il faut « renoncer aux erreurs du passé ; il faut cesser de le « parquer dans son Coran, comme on l'a fait trop long- « temps, comme on veut le faire encore, avec un royaume « arabe prétendu, il faut lui inspirer dans ses enfants du « moins d'autres sentiments, d'autres principes. Il faut « que la France lui donne, — je me trompe, — lui laisse « donner ceux de l'Evangile, en le mêlant enfin à notre vie ; « ou qu'elle le chasse dans les déserts, loin du monde « civilisé.

« Je sais que je demande ainsi l'abolition du système « suivi jusqu'à ce jour ; que je demande de renverser ces « infranchissables barrières qui nous séparent des indi- « gènes, de renoncer à la pression exercée sur eux depuis « l'origine et à des errements condamnés sans appel « par la voix des hommes, comme par celle de Dieu (1). »

Saisi directement du conflit, et ne pouvant plus demeurer sourd à la clameur de l'opinion profondément remuée par l'énergique protestation partie d'Alger, le gouvernement impérial se hâta de faire savoir à Mgr Lavigerie que rien désormais n'entraverait plus la liberté de son apostolat.

(1) Œuvres choisies, t. I, p. 165, 182, 183. Voir aussi le Recueil de Mgr Grussenmeyer, t. I, p. 106 et 107.

Le 23 mai 1868, l'archevêque pouvait « saluer l'aurore d'une ère nouvelle et l'assurance d'un avenir « meilleur pour l'Algérie ».

Mais il ne se dissimulait pas les responsabilités qui allaient immédiatement s'imposer à lui comme conséquence logique de cette victoire; et il ajoutait aussitôt : « J'ai obtenu la reconnaissance des principes; c'est « peu, si je ne puis les appliquer dans les faits. »

Et alors, prêtant un serment meilleur que celui dont les vieux historiens affirment qu'en ces lieux mêmes le père d'Annibal dictait la formule à son fils, afin d'attiser continuellement en lui la haine de Rome (1), Mgr Lavigerie disait : JE NE VEUX PAS UN JOUR DE REPOS.

Il a tenu ce serment avec une inviolable fidélité jusqu'à la mort.

*
* *

Il s'agissait en effet de tirer parti de la liberté conquise au prix d'une lutte douloureuse, mais nécessaire. Pour cela, il fallait une milice apostolique qui ne fût pas assujettie aux obligations du ministère paroissial, et demeurât libre de se porter partout où elle pourrait prêcher l'Evangile aux populations africaines. C'est bien ici que nous allons voir se réaliser la loi formulée par saint Augustin, et le bien sortir du mal.

Mgr Lavigerie a lui-même rendu compte des origines de la Société des missionnaires d'Alger, fondée par lui en 1868.

(1) Appien, L. VII, c. 3.

« Elle est née comme d'elle-même des charges imprévues que nous imposait la terrible famine de 1867. Le « clergé de la colonie, élevé dans la pensée qu'il ne lui « serait jamais permis de nouer des relations, même de « simple charité, avec les indigènes, n'avait pas appris « leur langue. Je cherchais donc vainement dans son « sein des prêtres qui pussent se charger de la direction « de nos orphelinats arabes. Je regrettais de ne pas « trouver une société d'hommes apostoliques qui pût « venir à mon aide (1). »

Or, un jour que son esprit était plongé dans cette préoccupation, le vénérable M. Girard, Lazariste et supérieur du grand séminaire de Kouba, vint lui présenter trois élèves du séminaire à qui Dieu avait inspiré la pensée de « s'offrir à leur archevêque pour l'apostolat africain ».

C'était bien le grain de sénevé dont le Sauveur a parlé dans une de ses paraboles évangéliques. La plus petite des semences, quand elle est jetée en terre, elle se développe rapidement et devient un grand arbre où s'abritent les oiseaux du ciel (2).

Ils étaient trois en 1868. Ils sont aujourd'hui plus de trois cents, et je ne compte pas ceux qui, déjà en grand nombre, ont payé de leur vie l'inappréciable honneur de s'être voués à cet apostolat, sachant très bien d'avance à quels labeurs, à quels sacrifices ils s'exposaient. Leur fondateur n'avait eu garde de les leur dissimuler. N'est-ce

(1) Œuvres choisies, t. II, p. 29.
(2) S. Matth. XIII, 31; S. Marc. IV, 31.

pas lui qui écrivait sur les lettres testimoniales d'un prêtre venu de France pour s'agréger à la nouvelle Société : « *Vu pour le martyre* » (1) ? Aucun de ces vaillants ouvriers du Christ n'a reculé devant cette formule laconique et significative qui exprimait si bien les conditions généreusement acceptées par eux comme gage de leur dévouement absolu à la sainte cause de l'évangélisation des infidèles, musulmans ou païens (2).

L'année même où l'oblation spontanée de trois séminaristes permettait à l'archevêque d'Alger d'entreprendre cette grande œuvre, il était nommé par le Saint-Siège délégué apostolique du Sahara occidental. Bientôt il lançait en avant sa petite troupe, après l'avoir formée, disciplinée, embrasée du zèle ardent dont il était lui-même consumé. Plusieurs fois, dans le cours des années 1875, 1878, 1881, des groupes de ces apôtres intrépides furent assassinés en traversant le désert (3). Ces sanglantes

(1) *Visum pro martyrio.* (Œuvres choisies, t. I, p. 270.)

(2) C'est également en 1868 que prenait naissance une œuvre parallèle, inspirée par les mêmes pensées de zèle et de charité et devant travailler pour le même but, la Congrégation des Sœurs missionnaires, dont la maison-mère est aujourd'hui à Kouba et qui depuis vingt-six ans ont rendu tant de services en Algérie et en Tunisie par la tenue des écoles, des dispensaires, des orphelinats. (Voir le Recueil de Mgr Grussenmeyer, t. I, p. 348, et une très touchante allocution prononcée par M. l'abbé Planus, vicaire général d'Autun, dans la chapelle de Kouba, le 2 février 1893; elle a été reproduite par la *Semaine religieuse* d'Autun dans les numéros des 11 et 18 février.)

(3) Il convient de recueillir et d'enregistrer avec respect les noms de ces nobles victimes. C'étaient au mois de décembre 1875, les Pères Paulmier, Ménoret, Bouchaud ; en 1878, les PP. Richard, Morat et Pouplard ; en 1881, les PP. Deniaud et Augier, ceux-ci massacrés par les nègres dans

catastrophes ne décourageront personne, ni le père ni les enfants de cette héroïque famille de missionnaires. L'archevêque trouvera des paroles sublimes, moins pour consoler que pour féliciter les parents des nobles victimes et leur montrer dans les splendeurs de la foi la beauté du dévouement transfigurant l'horreur du dénouement (1). Au lieu de ralentir l'ardeur des candidats, ces tragiques aventures l'exaltent et vont multiplier le nombre de ceux qui se présenteront pour être enrôlés dans les rangs de cette milice.

Que si la prudence impose de surseoir pour un temps à ces trop aventureuses caravanes à travers l'immensité du désert, les missionnaires seront dirigés vers la Kabylie. Ils s'y feront maîtres d'école, médecins, infirmiers, en attendant que les circonstances leur permettent de rapprendre le catéchisme de saint Augustin et de saint Optat aux descendants des populations chrétiennes de l'ancienne Afrique.

la région du lac Tanganika, les premiers mis à mort par les Touaregs, dans les solitudes du Sahara. Dans la visite que j'ai faite à la maison des Pères Blancs de Biskra, huit jours après avoir prononcé le discours de Carthage, j'ai pu avec Mgr Tournier, évêque d'Hippo-Zarite, et mon compagnon de voyage, M. l'abbé Gauthey, vicaire général d'Autun, voir les ossements des PP. Richard et Pouplard, récemment retrouvés dans la région de R'damès par un explorateur français, M. Foureau, et pieusement recueillis par ses soins. Ceux du P. Morat ne tarderont sans doute pas à être joints aux restes vénérés de ses frères en apostolat et en martyre. (Voir dans la *Semaine religieuse* d'Autun, n° du 13 mai 1893, le *Petit Journal d'Afrique* rédigé par M. l'abbé Gauthey, p. 344 et 345.)

(1) Œuvres choisies, t. II, pp. 87, 97, 129.

*
* *

Ce n'étaient encore là toutefois que les débuts, les prémices d'une entreprise plus vaste encore. A la gloire d'avoir créé une légion d'apôtres, Mgr Lavigerie allait joindre celle d'être un précurseur.

Le précurseur, Messieurs, suivant la force étymologique du mot, c'est l'homme qui va en avant. Après que son regard perçant a discerné plus vite le but, il s'y porte avec plus de rapidité. Il est déjà arrivé, quand les autres sont encore en marche ; *Præ currere.*

A l'époque où les épreuves particulières à l'Algérie française amenaient l'archevêque à fonder une Société de missionnaires destinés à entrer en relations directes avec les populations indigènes, à leur prodiguer les trésors de la charité, à les acheminer ainsi vers l'estime de l'Evangile, à leur inspirer tout à la fois le désir et le courage de le recevoir, les gouvernements européens, qui jusqu'alors n'avaient établi de colonies que sur le littoral de l'immense continent africain, se concertaient entre eux pour en pénétrer les profondeurs. D'occupation réelle, proportionnée à l'étendue de ces vastes territoires, il ne pouvait être pratiquement question. Mais, à l'aide de postes armés, établis de distance en distance, mettre ces territoires, jusqu'alors inexplorés, sous le protectorat de telle et telle puissance, ce n'était pas une chimère irréalisable. Munies des cartes tracées par les explorateurs, les chancelleries s'étaient appliquées à ce travail. Le compas à la main, il avait été réglé que tant de degrés de longitude et de latitude formeraient la zone d'influence de l'Angleterre, tant d'autres, celle de la Belgique, tant d'autres, celles de l'Allemagne, de la France, du Portugal.

Quant à nous, Messieurs, à nous, les porteurs de la bonne nouvelle, les interprètes de l'Evangile, les messagers de l'Eglise, qui nous tracera les limites de notre zone d'influence? où commence-t-elle? où finit-elle? De quel côté devons-nous porter nos pas? Devant quels obstacles les arrêterons-nous?

Notre mandat, vous le savez, enveloppe dans son universalité géographique toutes les régions du globe, comme il doit s'étendre par son universalité chronologique à tous les moments de la durée. « Allez dans le monde entier et prêchez-y l'Evangile à toute créature (1). »

Nous n'avons point à solliciter la permission des puissances de ce monde, ni à nous régler sur le résultat de leurs conventions diplomatiques pour obéir à cet ordre divin. Si nous avions dû ne marcher qu'à la suite des gouvernements, y aurait-il eu au XVIe siècle et au XIXe, au Japon, en Chine, en Corée, dans les archipels de l'Océanie, des chrétiens et des martyrs?

Lui non plus, Mgr Lavigerie n'avait pas attendu les combinaisons et les actes, si louables d'ailleurs et si dignes d'être encouragés des chefs d'Etats, pour méditer, préparer, réaliser les moyens d'étendre l'influence de l'Evangile à des contrées et à des peuples qui n'en avaient encore jamais reçu le bienfait.

(1) S. Marc, XVI, 15.

Dans une lettre qui date de l'année 419, saint Augustin, s'appuyant sur le témoignage d'esclaves venus de l'intérieur du continent et achetés par les Romains sur le marché d'Hippone, affirmait qu'il y avait encore en Afrique « d'innombrables nations barbares auxquelles l'Evan« gile n'avait pas encore été prêché, étrangères à la reli« gion chrétienne, et que cependant Dieu n'avait pas « entendu exclure de ses promesses (1) ».

Hélas ! quinze siècles ont passé sur cette navrante constatation d'un évêque africain, et elle n'est guère moins vraie aujourd'hui qu'alors. Quelles réflexions amères suggère un tel rapprochement ! Que de temps misérablement perdu par les peuples favorisés de la grâce de l'Evangile ! Quelle lourde responsabilité encourue par ceux qui ont présidé à leurs destinées pendant une période si longue !

Horace demandait compte aux Romains de tout le sang qu'ils avaient répandu dans leurs discordes civiles et qui aurait pu être plus fructueusement employé à combattre et à refouler les barbares menaçant les frontières de l'Empire (2). Ne se sent-on pas pénétré d'un sentiment plus profond et plus douloureux encore quand on pense à la transformation qui se serait opérée dans le

(1) Sunt apud nos, hoc est in Africâ, barbaræ innumerabiles gentes, in quibus nondùm esse prædicatum Evangelium ex iis qui ducuntur inde captivi et Romanorum servitiis jam miscentur, quotidie nobis addiscere in promptu est... neque ullo modo recte dici potest istos ad promissionem Dei non pertinere. (S. Aug. Ep. 199 ad Hesychium, n° 46.)

(2) Audiet cives acuisse ferrum
Quo graves Persæ melius perirent. (Hor. Carm. L. I, od. 2.)

monde au cours de ces quinze siècles, si les sociétés civilisées par le christianisme avaient uni leurs efforts et leurs immenses ressources pour travailler de concert à l'extension du règne de Dieu parmi les peuples encore païens et barbares !

Dès son mandement de prise de possession du siège d'Alger en 1867, et, un peu plus tard, dans son admirable discours « sur l'armée et la mission de la France en « Afrique », Mgr Lavigerie avait exprimé les mêmes plaintes et les mêmes espérances que saint Augustin.

« Montez en esprit avec moi, disait-il en 1875, sur ces « cimes inaccessibles qui bornent notre horizon, et jetez « vos regards sur l'immensité qui nous entoure Auprès de « nous, au Maroc, dans la Tunisie et jusqu'en Egypte, les « débris d'une nation autrefois chrétienne, mêlés à ceux « des invasions barbares ; au delà, sur la surface de ce con- « tinent immense, la plus affreuse barbarie, l'ignorance, « le sang, l'anthropophagie, l'universel esclavage (1) ! »

Pas plus que l'évêque d'Hippone, il ne prenait son parti de voir ces millions d'âmes à jamais exclues de leur participation aux divines promesses, et, avant d'avoir pu connaître l'Algérie par lui-même, il avait, avec une étonnante perspicacité, formulé la mission confiée à la France et dont il lui était réservé d'être un des plus actifs serviteurs.

« Faire de la terre algérienne le berceau d'une nation « grande, généreuse, chrétienne, — d'une autre France, « en un mot, fille et sœur de la nôtre —... répandre autour

(1) Œuvres choisies, t. I, p. 81 et 82.

« de nous, avec cette ardente initiative qui est le don de « notre race et de notre foi, les vraies lumières d'une ci- « vilisation dont l'Evangile est la source et la loi ; les « porter au delà du désert avec les flottes terrestres qui « la traversent et que vous guiderez un jour jusqu'au « centre de ce continent encore plongé dans la barbarie ; « relier ainsi l'Afrique du nord et l'Afrique centrale à la « vie des peuples chrétiens : telle est, je le répète, dans « les desseins de Dieu, dans les espérances de la patrie, « dans celles de l'Eglise, votre destinée providen- « tielle (1) ».

Il ne devait pas se borner ici à exprimer des vœux, à tracer des plans, à indiquer de magnifiques, mais lointaines perspectives. Il allait se lancer le premier dans la carrière, *Præ cursor*, et travailler sans relâche à la réalisation de tant de nobles pensées.

Non, il ne sera pas dit que l'on verra se diriger vers ces régions inexplorées, à travers mille dangers, des voyageurs uniquement inspirés par le mobile très louable, mais purement naturel, des découvertes de la géographie, de l'ethnographie, de l'histoire naturelle, ou des intérêts commerciaux, et que les prêtres de Jésus-Christ se seront laissés devancer au milieu de ces peuples qui ne connaissent pas « la voie, la vérité et la vie ». Eux aussi, eux surtout, qui ont les « doctrines cordiales », auxquels saint Augustin se reprochait d'être demeuré étranger jusqu'à l'heure de sa conversion, diront comme lui : « ce que d'autres sont capables d'accomplir pour des considérations

(1) Œuvres choisies, t. I, p. 9.

terrestres, comment ne le ferions-nous pas, nous, pour l'amour de Dieu et des âmes (1) » ?

Une scène sublime et saisissante est décrite au chapitre VIe d'Isaïe.

L'Eternel est sur son trône. Des séraphins l'entourent. Le prophète a été introduit dans cette auguste assemblée. Il se tient là, humilié et tremblant. Dieu dit : « Qui en« verrai-je ? Qui voudra être mon messager » ?

Isaïe, dont les lèvres venaient d'être touchées par un charbon ardent pris sur l'autel par un des séraphins, s'écrie aussitôt : « Me voici, Seigneur, envoyez-moi (2) ».

A la fin de l'année 1877, les missionnaires d'Afrique fondés par l'archevêque d'Alger écrivaient au Pape Pie IX une lettre d'où je détache les lignes suivantes :

« Nous venons, Très Saint-Père, vous offrir nos cœurs, « nos souffrances, nos travaux, notre vie, s'il le faut, « pour les missions de l'Afrique équatoriale. Nous n'a« vons qu'un seul désir : aller, sur un signe de Votre Sain« teté, nous consacrer au service de ces pauvres peuples « infidèles, leur porter la parole de vie qu'ils n'ont pas « encore entendue et mourir en les servant (3). »

Voilà le langage des fils. Vous allez entendre celui du père.

A diverses reprises, depuis que ses *Pères Blancs* avaient

(1) Nos cum doctrinis nostris sine corde... Tu non poteris quod isti ? (Conf. L. VIII, c. 8 et 11.)

(2) Et audivi vocem Domini dicentis : Quem mittam ; et quis ibit nobis? Et dixi : Ecce ego, mitte me. (Is. VI, 8.)

(3) Œuvres choisies, t. II, p. 34.

été engagés par lui dans les lointaines et dangereuses expéditions à travers le Sahara, leur fondateur avait laissé percer le regret de ne pouvoir prendre une part personnelle à leurs fatigues, à leurs labeurs, à leurs sacrifices. Il semblait qu'il en coûtât à sa loyauté de pousser les autres en avant et de demeurer immobile (1). Cette préoccupation l'obsédait. Un jour, n'y tenant plus, il écrivit au Souverain Pontife le Pape Pie IX, pour solliciter instamment de lui la grâce de n'être que le premier de ses missionnaires et de pouvoir aller, comme eux, prêcher l'Evangile aux infidèles.

« Le mauvais état de ma santé, disait-il, me crée une « situation qui devient de jour en jour plus difficile et « m'oblige enfin de recourir à Votre Sainteté pour la « prier d'alléger ma charge pastorale.

« Après y avoir longtemps pensé devant Dieu, je crois « que c'est l'archevêché d'Alger, de préférence à la Mission, « que je dois remettre entre les mains paternelles de « Votre Sainteté.

« Les deux congrégations spéciales que j'ai dû fon- « der (1) pour un aussi vaste apostolat ne peuvent plus « vivre et se développer qu'avec mon concours : et il « me semble que je me déshonorerais moi-même si je « les abandonnais ; elles comptent à elles deux près de « trois cents membres ; elles ont eu leurs premiers « martyrs.

« ..... Je demande à Votre Sainteté la permission de « faire le sacrifice de mon siège archiépiscopal et des

(1) Œuvres choisies, t II, p. 86.

« honneurs qui l'entourent pour me placer à la tête des « missionnaires (1). »

Je ne puis mieux commenter cette admirable ettre qu'en redisant l'exclamation émue des disciples de saint Martin pieusement encadrée par l'Eglise dans sa liturgie : « O bienheureux Pontife ! qui n'a ni craint de mourir, ni « refusé de vivre ! O très sainte âme ! si le glaive du « persécuteur ne l'a pas séparée de son corps, elle n'a pas « pour cela perdu la palme du martyre (2). »

La réponse de Pie IX ne se fit pas attendre. Le vicaire de Jésus-Christ admirait et bénissait l'abnégation de Mgr Lavigerie; mais il lui donnait l'ordre de garder tout à la fois les fardeaux et les honneurs et de se confier à la Providence.

Dieu justifia cette décision. A partir de ce moment, l'activité et l'énergie de l'archevêque d'Alger semblent s'être retrempées à une force nouvelle ; à pas de géant, il va courir à de nouvelles entreprises. *Exsultavit ut gigas ad currendam viam* (3).

*
* *

Tandis qu'il envoyait à Jérusalem un groupe de ses missionnaires pour y desservir l'antique sanctuaire de Sainte-Anne de Jérusalem et y fonder une école où

(1) Bulletin des missions d'Afrique, n° 22.

(2) O beatum pontificem... qui nec mori timuit, nec vivere recusavit... O sanctissima anima, quam etsi gladius persecutoris non abstulit, palmam tamen martyrii non amisit. (Brev. Rom. Off. S. Martini Turonensis.)

(3) Ps. XVIII, 6.

seraient formés des ouvriers apostoliques destinés à cet Orient auquel, depuis 1856, il n'avait pas cessé de porter le plus religieux intérêt (1), il poussait très activement, avec l'autorité suprême du Saint-Siège, l'organisation canonique des missions de l'Afrique équatoriale. Le travail de répartition se terminait au moment même où, comblé d'années et de gloire, de vertus et de tribulations, Pie IX était rappelé à Dieu. Quatre jours seulement après son élection au souverain Pontificat, sans même attendre la cérémonie de son couronnement, Léon XIII s'empressait d'entrer dans les sollicitudes de son prédécesseur et signait les décrets qui érigeaient au centre de l'Afrique quatre centres de missions (2).

Allez, maintenant, hommes apostoliques! allez, dirons-nous avec l'Esprit de Dieu : « marchez tout environnés « des flammes qui ont été allumées dans vos cœurs par le « feu du zèle ! Portez-en bien loin les lumières bienfai- « santes et les saintes ardeurs » (3).

(1) Voir la longue et très intéressante lettre adressée par Mgr Lavigerie à Mgr Bécel, évêque de Vannes. Toute l'histoire du vénérable sanctuaire de Sainte-Anne de Jérusalem y est relatée. (Œuvres choisies, t. II, p. 271.)

(2) Au lac Nyanza ; au lac Tanganika ; à Kabebe, capitale des Etats de Muatamoyo ; à l'extrémité nord du cours de Congo.

(3) Ecce vos omnes accendentes ignem, accincti flammis. Ambulate in lumine ignis vestri et in flammis quas succendistis. (Is. L, 11.) A la fin de la touchante allocution qu'il avait prononcée au mois d'octobre 1874, le jour où avait eu lieu la consécration de l'église des missionnaires, à la Maison Carrée, l'archevêque leur disait :

« Pour moi, mes chers enfants, je ne cesserai de le remercier de m'a- « voir fait le père de vos âmes. Je ne cesserai surtout de le prier d'en- « tretenir en elles la flamme pure que ses mains y ont allumée. » (Œuvres choisies, t. I, p. 283.)

Comment relater les péripéties de ces longs voyages, les privations et les souffrances endurées par ces intrépides messagers du Christ, les saintes morts de plusieurs d'entre eux, succombant de fatigue, les uns avant d'avoir même pu atteindre le terme de leur difficile pérégrination, les autres au milieu des labeurs de leur apostolat ?

J'ai devant moi en ce moment un des plus vaillants ouvriers de ces missions. Vénérable évêque de Pacando (1), que ne puis-je faire violence à votre modestie, descendre de cette chaire, vous prier d'y monter à ma place, pour redire à cet auditoire, à la gloire de Dieu, toujours admirable en ses saints, les récits des merveilles opérées par la grâce au milieu des populations que vous et vos compagnons avez évangélisées !

Mais si je ne puis ni vous céder la parole ni lire intégralement vos lettres à votre fondateur et premier supérieur, l'archevêque d'Alger, je déclare sans hésiter qu'elles auront place parmi les plus beaux monuments de la propagation du christianisme au XIXe siècle ! Oui, en vérité, comme il est dit dans une belle prière du livre de l'Ecclésiastique : « Dieu s'est servi de vous pour faire briller « l'éclat de ses miséricordes sur les nations qui ne le « connaissaient pas ! Il a renouvelé les prodiges d'autre« fois ; il a déployé la puissance de son bras en suscitant « des prédications aussi efficaces que celles des premiers « apôtres. O Seigneur ! récompensez ceux qui ont tra-

(1) Mgr Livinhac, supérieur général des missionnaires d'Afrique, ancien vicaire apostolique du Tanganika.

« vaillé et qui ont souffert pour vous ! *Da mercedem* « *sustinentibus te* (1). »

Un bel esprit du cinquième siècle, le grammairien païen Maxime de Madaure, se permit un jour, mes Frères, d'écrire à saint Augustin pour tourner en ridicule les noms de plusieurs de vos saints martyrs de l'Eglise d'Afrique :

« Comment tolérer, disait l'impertinent et fanatique « sectateur de la mythologie classique, comment tolérer « qu'on préfère un Mygdon à Jupiter qui lance le ton- « nerre ; une Sanaé à Junon, à Minerve, à Vénus, à « Vesta, et l'archimartyr Namphanon (ô crime !) à tous les « dieux immortels ! Que d'autres dont on ne pourrait « pas dire le nombre qui portent des noms en horreur « aux dieux et aux hommes... Des fous visitent leurs « tombeaux et délaissent les temples des dieux (2) ! »

Qu'eût dit le raffiné critique, en quels termes n'eût-il pas exprimé ses délicates répugnances, s'il avait entendu nommer ces barbares de l'Ouganda dont l'héroïsme inspiré par leur foi a fait des martyrs et que bientôt peut-être l'Eglise placera au nombre des saints ?

Pour moi, je n'éprouve pas les scrupules du lettré de Madaure. Je transcris, non seulement sans horreur, mais avec le plus pieux respect, ces noms qui brillent

(1) Ecclésiastique, ch. XXXVI.

(2) Quis ferat Jovi fulminanti præferri Mygdonem... et cunctis, proh nefas ! diis immortalibus archimartyrem Namphanionem ?... (Dans le recueil des Lettres de saint Augustin, n° 16.) Cette lettre de Maxime est de l'année 390.

déjà dans les dyptiques de ces jeunes chrétientés de l'Afrique équatoriale, nées d'hier seulement à la lumière de l'Evangile et déjà dignes d'être proposées à notre admiration : Joseph M'kasa, Clara Naalmasi, Charles Louanga, Denis Sebouggouao, André Kagoua, Mathias Mouromba et d'autres encore dont les intonations étranges déchirent nos oreilles européennes, mais auxquels nous appliquons avec une religieuse envie la promesse si consolante faite par le Sauveur : « Celui qui aura com-
« battu et vaincu pour moi, son nom sera inscrit en ca-
« ractères ineffaçables au livre de vie, et un jour je le
« proclamerai hautement à la face de mon Père et devant
« ses anges (1). »

Qu'il est glorieux, Messieurs, qu'il est fortifiant pour notre foi de constater que c'est toujours le même Esprit d'en haut qui, dans l'infirmité humaine transfigurée par la grâce, opère les mêmes prodiges de patience, de courage, d'enthousiasme, de fermeté invincible au sein des plus cruelles immolations !

Comparez les paroles et les actes de ces chrétiens de l'Ouganda mis à mort en 1886 pour n'avoir pas voulu renier les engagements de leur baptême, avec ce que l'antiquité chrétienne nous offre de plus généreux dans les interrogatoires et les confessions des martyrs des premiers siècles : vous n'y trouverez aucune différence (2).

(1) Apoc. III, 5.

(2) Il faudrait citer intégralement ici les lettres de Mgr Livinhac, et le journal du P. Lourdel. Voir les Bulletins des missions d'Afrique, nos 50,

Je ne puis que saluer rapidement ces trente et un jeunes pages du roi Mouanga brûlés vifs pour n'avoir pas voulu apostasier et expirant lentement au milieu des flammes, tandis que d'une seule voix ils redisaient les prières que les missionnaires leur avaient apprises ; puis ce Mathias Mouromba, dont les bourreaux coupèrent successivement les pieds, les mains, de grands lambeaux de chair qu'ils firent griller sous ses yeux, et qui survécut encore trois jours à cet horrible supplice, avant d'aller recevoir là-haut la couronne de gloire, et tous ces autres confesseurs de la foi entrés si tard après nous dans la vie chrétienne, et arrivés pour ainsi dire d'un bond à ses plus hauts sommets !

Je ne les quitterai pas du moins sans leur appliquer l'hommage que saint Cyprien adressait aux martyrs de son Église de Carthage, avant d'aller lui-même se faire parmi eux une place d'honneur :

« De nombreux témoins ont contemplé avec admira-
« tion ce combat céleste, ce combat divin, ce combat
« pour les âmes, cette bataille pour le Christ. Ils ont vu
« ces serviteurs de Dieu se tenir debout ; ils les ont
« entendus parler d'une voix libre, purs de toute souil-
« lure, soutenus par la vertu divine, destitués de toute
« arme terrestre, mais revêtus de l'armure de la foi. Le
« Seigneur se réjouit en de tels serviteurs (1). »

51, 62, reproduits dans la collection de documents publiés en 1888 par Mgr Grussenmeyer, t. II, p. 195 et suivantes.

(1) Vidit admirans præsentium multitudo cœleste certamen, certamen Dei, spiritale certamen, prælium Christi, stetisse servos ejus voce libera,

Mais si ces martyrs de l'Ouganda ont fait rejaillir une telle gloire sur l'Église catholique et si nous, ministres et fidèles de cette Église, nous les acclamons avec une légitime fierté, pouvons-nous oublier que ces chrétiens ont été redevables du don inestimable de la foi aux missionnaires qui sont venus le leur apporter au prix de tant de difficultés et de périls ? *Quomodo audient sine prædicante ?* et en remontant un degré de plus, à l'homme apostolique qui leur avait envoyé ces missionnaires : *Quomodo vero prædicabunt nisi mittantur* (1) ?

Ce n'est donc que justice de reporter sur le Cardinal une part des mérites acquis par ces intrépides confesseurs. Puisque la sagesse des enfants est l'honneur des pères, dit un saint docteur commentant une parole de nos livres sapientiaux, combien « grandes sont les gloires « de celui qui a pu se réjouir d'avoir un si grand nombre « de fils sages et dévoués... Ainsi, tout ce qu'il y a eu « dans ce peuple fidèle de vertu et de grâce a découlé de « lui comme d'une source très pure (2). »

*
* *

Tandis que ces grands événements s'accomplissaient au cœur même de l'Afrique et y renouvelaient dans toute

mente incorrupta, virtute divina, telis quidem sæcularibus nudos, sed armis fidei credentes armatos. (S. Cypr. epist. ad martyres et conf.)

(1) Rom. x, 14, 15.

(2) Cùm dicat Scriptura : gloria patris est filius sapiens, quantæ hujus sunt gloriæ qui tantorum filiorum sapientia et devotione lætatur ? Quidquid igitur in hac sancta plebe potest esse virtutis et gratiæ de hoc quasi quodam fonte lucidissimo omnium rivulorum puritas emanavit. (S. Eus. Verc.)

leur émouvante grandeur les plus beaux épisodes des commencements du christianisme, l'attention de l'archevêque d'Alger se portait vers une région immédiatement vois ine de notrecolonie algérienne.

Son apostolat sur ce vaste continent ressemble à ces opérations militaires dont les nombreux détails se rattachent à un plan d'ensemble conçu par l'habile tacticien qui commande en chef, surveille, pour ainsi dire, du même coup d'œil, les points les plus éloignés du champ de bataille, et fait concourir au même but les évolutions de ses troupes. Mais combien il est plus facile d'admirer cette vaste et habile stratégie que de l'exposer avec suite dans un récit méthodique ! D'ailleurs, la chronologie, avec ses exigences, se trouve à chaque instant déroutée par la simultanéité des mouvements qui se produisent sur des théâtres très divers. Dociles à l'intelligence qui les a inspirés et à la volonté qui les réalise, ils évoluent dans le plus bel ordre ; mais comment les présenter dans leur harmonieuse unité sans tomber dans la confusion ?

Dès 1875, pourvu de la double autorisation du Saint-Siège et du gouvernement français, Mgr Lavigerie avait envoyé à Tunis une phalange de ses missionnaires, avec la mission spéciale de garder, d'honorer, de sanctifier par la prière et par l'exercice des œuvres, du zèle et de la charité, les lieux où notre saint Louis était venu mourir en roi et en saint.

Cette démarche se rattachait de la façon la plus directe à la passion fondamentale de toute sa vie, qui a été de voir la France soutenir et étendre dans le monde l'influence de la foi chrétienne, et recevoir en retour la gloire et l'avantage de son dévouement à la religion. Une fois de plus, Tunis et Carthage vont nous permettre de constater à quel point il est vrai de dire que l'archevêque d'Alger a été un précurseur.

Il l'avait été, je l'ai dit, de la façon la plus hardie et la plus heureuse, lorsque, devançant le moment où les nations européennes seraient en mesure de réaliser les conventions qu'elles avaient arrêtées entre elles, afin de partager le continent africain en un certain nombre de régions sur lesquelles flotteraient leurs drapeaux et s'exercerait leur influence, il avait fait créer par le Saint-Siège les vicariats apostoliques du Sahara et de l'Afrique équatoriale, et immédiatement envoyé des missionnaires pour en prendre possession au nom de Jésus-Christ.

Il ne le fut pas moins lorsqu'il eut l'inspiration de venir dans la région située entre l'Algérie et la Tripolitaine où l'attiraient les plus grands souvenirs de l'antiquité classique, de l'histoire du christianisme et de notre histoire nationale.

Toujours attentif à tout ce qui contribuait à l'honneur de la religion et justement désireux de lui concilier l'estime du monde savant, il commençait par donner une vigoureuse impulsion aux fouilles archéologiques de ce sol où dorment depuis tant de siècles les débris de quatre ou cinq civilisations enfouies les unes sur les autres (1).

(1) La punique, la romaine, la chrétienne, la vandale, l'arabe.

Il avait la joie de voir un de ses disciples justifier pleinement à cet égard ses désirs et ses espérances et travailler avec succès non seulement à mettre au jour les anciennes Basiliques, les nécropoles, les inscriptions, mais à interpréter leur langage muet dans des mémoires pleins d'autorité et désormais consacrés par les suffrages de notre Institut de France et des grandes académies d'Europe (1).

Toutefois un homme comme lui ne touchait à la mort que pour en faire sortir la vie.

Voilà pourquoi, sur cette colline de Byrsa où s'étaient succédé à travers les âges les temples des anciennes divinités phéniciennes et les sanctuaires dans lesquels un saint Augustin avait souvent prêché pour y honorer la mémoire des martyrs de l'Église de Carthage, il jetait les fondements de cette magnifique Basilique dédiée à saint Cyprien et à saint Louis ; conviait à l'apostolat de la prière et des silencieuses immolations de la pénitence les filles de sainte Thérèse ; créait pour la jeunesse un asile d'étude et de piété, et confiait à des Franciscaines le soin et la joie de garder et de féconder par leurs bonnes œuvres le coin de terre à jamais immortalisé par les larmes de sainte Monique.

Il n'avait pas moins à cœur de réparer l'insouciance

(1) Le R. P. Louis Delattre, de la Société des missionnaires d'Afrique, archiprêtre de la Basilique de Carthage, fondateur et directeur du musée archéologique de S. Louis. (Voir la lettre du Cardinal à M. le secrétaire perpétuel de l'Académie des Inscriptiens et Belles-Lettres, sur l'utilité d'une mission archéologique à Carthage. Œuvres choisies, t. II, p. 398 et suiv.)

des générations contemporaines envers notre saint Louis et ces milliers de chevaliers qui étaient venus mourir ici avec leur roi en combattant sous l'oriflamme du Christ.

Il avait bien raison de dire que, pour aimer saint Louis, il n'est pas nécessaire d'aimer la royauté, et qu'il suffit d'aimer la France. Aussi dans quel patriotique et chaleureux langage il saluait ce Prince « si éminemment fran-« çais par le cœur, par le courage, par l'esprit même dont « les saillies se retrouvent à chaque page dans les récits « de nos vieux chroniqueurs ; français par le sentiment « de l'égalité et de la justice, français par l'amour qu'il « avait pour son peuple, par l'intelligence de ses aspi-« rations, de ses destinées qu'il prépara plus que nul « autre, français par sa générosité chevaleresque » (1).

En vous désignant, mes Pères, pour être les chapelains de ce monument de Saint-Louis qu'il appelait « le sanc-« tuaire de la foi, de la fidélité, du vieil honneur de la « France », il vous adjurait de garder « ces trésors à votre « pays avec un soin jaloux, parce que ces trésors étaient « menacés ».

Il n'avait que trop sujet de mettre en relief les admirables conseils donnés par le roi mourant à son fils et à sa fille sur les devoirs et les responsabilités de ceux qui gouvernent (2).

(1) Œuvres choisies, t. II, p. 358.

(2) « Beau fils, la première chose que je t'enseigne, c'est que tu mettes « ton cœur à aimer Dieu, car sans cela nul ne peut être sauvé... Aie le « cœur doux et compatissant aux pauvres, aux malheureux, aux affligés,

En effet, si la justice pratiquée avec une probité scrupuleuse doit être la vertu maîtresse de l'homme qu'élèvent au-dessus de ses semblables une autorité et des prérogatives consacrées par les traditions nationales, combien cette même justice n'est-elle pas plus nécessaire dans un état social qui fait de tous les habitants d'un même pays autant de souverains et impose à chacun d'eux l'obligation de respecter chez ses concitoyens l'usage des droits dont il prétend jouir lui-même !

Mais au-dessus des droits de l'homme, il y a les droits de Dieu.

Que nos contemporains se gardent bien d'oublier la règle de conduite dictée par saint Louis à sa fille Isabelle : « Contre Dieu, vous ne devez a nul obéir ». Nos démocraties modernes ne seront vraiment grandes, fortes, prospères que lorsqu'à la base de toutes les libertés, elles auront résolument établi, comme leur fondement nécessaire, l'idée de Dieu, l'obéissance à ses lois, le respect de sa souveraineté.

« et les conforte et aide selon que tu pourras... Pour rendre la justice... « sois loyal et raide, sans tourner à droite ni à gauche, mais toujours du « côté du droit, et soutiens la plainte du pauvre, jusques à tant que la « vérité soit déclarée... Maintiens les bonnes coutumes de ton royaume et « abats les mauvaises. Ne convoite pas contre ton peuple et ne le charge « pas d'impôts ni de tailles... Garde-toi d'entreprendre la guerre sans « grande délibération, particulièrement contre homme chrétien... »

A sa fille : « La manière dont vous devez aimer Dieu est de l'aimer sans « mesure... Ayez le cœur débonnaire.. Aimez les pauvres... obéissez « humblement à votre mari et à votre père dans les choses qui sont selon « Dieu, *mais contre Dieu, vous ne devez à nul obéir.* » Paroles citées d'après Guillaume de Nangis. (Œuvres choisies, t. II, p. 373.)

Ces grandes initiatives, ces résurrections si intelligentes des gloires du passé étaient en voie de s'accomplir, lorsque des complications politiques que je n'ai mission ni de raconter ni d'apprécier, amenèrent la France à s'établir en Tunisie pour y exercer un Protectorat officiellement reconnu par les Puissances. C'était en 1881. Mgr Lavigerie, représenté par ses missionnaires et par leurs œuvres, était déjà là depuis six ans. On peut donc bien dire qu'il y avait précédé son pays, comme ces soldats d'avant-garde envoyés en éclaireurs qui plantent le drapeau autour duquel bientôt leurs compagnons d'armes viendront se rallier. *Præ cursor.*

Nommé aussitôt administrateur apostolique de la Tunisie par le Souverain Pontife, l'archevêque d'Alger trouva dans ce titre un surcroît d'autorité en même temps qu'un motif de redoubler d'activité et de zèle. Il importait que l'organisation spirituelle du nouveau territoire ne le cédât en rien aux progrès administratifs, économiques, sociaux dont l'action de la France devait favoriser l'heureux développement. Il y pourvut sans retard et les résultats les plus consolants répondirent à ses soins.

Ici les faits, les lieux, les hommes parlent. Je n'ai qu'à les montrer. Leur éloquence est plus persuasive que tous les discours. Aussi bien, je ne dois pas abuser de la bienveillante attention de mes auditeurs, et ma voix qui se fatigue m'avertit qu'il va être temps, sinon de terminer ce discours, du moins de l'interrompre et de mettre en réserve la part que la cathédrale d'Alger a réclamée.

Oui, je le répète, je n'ai point à évoquer de lointaines

réminiscences. Beaucoup d'entre vous ont été les témoins des choses qui me restent à dire et que je vais m'efforcer de grouper dans un résumé rapide.

C'est à Carthage qu'au mois d'avril 1882, vous avez vu un délégué de Léon XIII remettre à Mgr Lavigerie les premiers insignes de la haute dignité qui lui ouvrait l'entrée du Sacré-Collège. Il était le premier cardinal africain et, en sa personne, tout ce vaste continent allait pour ainsi dire être enveloppé dans la majesté de la pourpre romaine.

C'est à Carthage que se réunissait en 1883 le premier Chapitre de la Société des missionnaires d'Afrique.

C'est à Carthage, après l'inauguration solennelle des Litanies des saints d'Afrique, que le premier synode diocésain tenu en 1884 émettait le vœu, humblement soumis à la future décision du Saint-Siège, qu'il plût au vicaire de Jésus-Christ de rétablir canoniquement les anciennes prérogatives du siège de saint Cyprien.

Léon XIII, le très fidèle administrateur de ce Père de famille qui sait tirer de ses trésors, suivant les circonstances, « les choses anciennes et les choses nouvelles », aussi attentif à restaurer les gloires du passé qu'à donner aux catholiques les plus vigoureuses impulsions, afin de les maintenir à la tête du mouvement qui emporte les sociétés humaines vers le progrès, ne pouvait demeurer insensible à l'expression de ce désir.

Il y trouvait une nouvelle occasion d'affirmer devant l'Eglise entière les sentiments d'estime et d'affection dont son cœur était pénétré pour le Cardinal. Aussi, dès le

4 novembre 1884, donnait-il l'ordre de publier la Bulle qui rétablissait canoniquement le siège archiépiscopal de Carthage et lui restituait l'antique prérogative de sa Primatie sur toutes les Eglises d'Afrique (1).

Quelle providentielle coïncidence ! A travers une distance de huit cents ans, un Pape du nom de Léon XIII allait réaliser de point en point ce qu'un de ses prédécesseurs, saint Léon IX, avait solennellement décrété ! Levez la tête, Messieurs, vous pouvez lire ces paroles d'un Pape du XIe siècle, inscrites sur les pierres de cette Basilique :

« Il est hors de doute qu'après le Pontife romain, le « premier Archevêque et le grand Métropolitain de toute « l'Afrique est l'évêque de Carthage.

« Ce privilège qu'il a reçu du Siège apostolique et ro- « main, il le conservera jusqu'à la fin des siècles, tant que « le nom de Notre-Seigneur Jésus-Christ sera invoqué en « Afrique, soit que Carthage demeure abandonnée, soit « qu'elle ressuscite un jour dans sa gloire : *Sive resurgat* « *gloriosa aliquando* (2). »

Paroles vraiment prophétiques ! vous en avez vu la réalisation de vos yeux, le jour où cette Basilique fut solennellement consacrée. C'était le 15 mai 1890. Quand les rites sacrés eurent été accomplis, par un symbolisme aussi simple que saisissant, les chanoines diacres, revêtus

(1) Bulle *Materna Ecclesiæ caritas*. Dans ce document, se trouvent admirablement résumées la glorieuse histoire de l'Afrique chrétienne dans les premiers siècles de notre ère, et celle des œuvres accomplies en Tunisie et à Carthage par le cardinal Lavigerie.

(2) Recueil de Mgr Grussenmeyer, t. II, p. 117.

de leurs insignes, vinrent eux-mêmes placer dans le chœur le siège primatial de saint Cyprien et y faire asseoir celui qui était à la fois l'héritier et le restaurateur de cet antique privilège de l'Eglise de Carthage.

Dans son Histoire des guerres puniques, Appien rapporte qu'une nuit César campait dans les environs de la cité détruite de fond en comble en l'année 146 par la vengeance impitoyable de Rome. Tout d'un coup, il crut entendre une immense multitude qui poussait des sanglots comme pour obtenir d'être rappelée à la vie. Le général romain prit ses tablettes et y inscrivit ce laconique *memento :* « relever Carthage (1) ».

Cinq siècles après, l'historien des persécutions vandales, saint Victor de Vite terminait son douloureux et émouvant récit par une supplication éloquente mise par lui sur les lèvres des saints d'Afrique, martyrs, évêques, prêtres, diacres, veuves, vierges, confesseurs, demandant à Dieu, en retour de leurs souffrances, de faire revivre un jour la grande Eglise qui les avait enfantés à la foi du Christ par le baptême, et à laquelle ils avaient donné le témoignage de leur sang (2).

Après avoir évoqué ces très saisissants souvenirs de l'histoire profane et de l'histoire sacrée de votre terre carthaginoise, le cardinal Primat s'écriait : « Me blâme-
« rez-vous d'avoir cru comme César aux sanglots des mul-
« titudes disparues sous les ruines de leur patrie, et
« comme l'évêque de Vite, aux prières des saints de

(1) Appien, l. VIII, c. 136.
(2) S. Victor de Vite, *Histoire de la persécution vandale*, l. V, c. 19 et 20.

« notre Afrique, implorant de Dieu sa résurrection ?

« Et maintenant, cloches de notre Eglise, annoncez une « Carthage nouvelle. Ne sonnez désormais que la résur- « rection et la vie !

« Assez de morts, assez de catastrophes, assez de « combats, assez de divisions, assez de funérailles.

« N'annoncez plus que l'espérance, les consolations de « la foi.

« Ne parlez plus à ces populations qui vous entourent « que de concorde, d'oubli du passé, d'affection frater- « nelle, de prospérité et de paix (1) ! »

Ce cantique de pastorale allégresse faisait suite aux fêtes magnifiques que l'Algérie avait si dignement célébrées deux ans auparavant, en l'honneur du Jubilé de son archevêque arrivé à la vingt-cinquième année de son épiscopat, la vingt et unième de son séjour en Afrique.

On a pu composer un volume des discours, adresses, compliments en prose et en vers provoqués par cet heureux événement. Tout avait été dit avec une sobriété souveraine dans une lettre du Souverain Pontife où se trouvait en deux lignes l'éloge le plus complet qu'un évêque ait jamais reçu du Pasteur de l'Eglise universelle. « Les « services que vous avez rendus à l'Afrique, écrivait « Léon XIII au Cardinal, vous mettent au rang des hommes qui ont le mieux mérité de la religion catholique et de « la civilisation (2). »

Après avoir prononcé à Carthage un de ses panégy-

(1) Lettre pastorale datée de Carthage, 15 mai 1890, p. 39 et 40.

(2) Lettre de Léon XIII, 10 novembre 1887.

riques de saint Cyprien, peut-être dans la grande Basilique dont les ruines ont été mises à découvert depuis si peu de temps tout près d'ici, l'évêque d'Hippone concluait en disant : « Louange et gloire à Celui qui a daigné pré-
« destiner un tel homme, enrichir l'Eglise de ses
« mérites et de ses vertus, montrer en sa personne quelles
« ressources la charité, qui l'emporte sur les plus grands
« biens, assure aux chrétiens pour vaincre les plus grands
« maux (1) ! »

Nous aussi, Messieurs, après avoir loué l'Evêque dont le souvenir est désormais indissolublement lié à l'histoire des conquêtes de l'Eglise dans le présent siècle, nous remonterons plus haut que lui. Nous irons droit à la source des inspirations qu'il a reçues et des œuvres auxquelles il a travaillé avec tant de suite et de succès. Nous proclamerons, comme David, que c'est Dieu qu'il faut admirer dans ses saints, *Mirabilis Deus in sanctis suis*. A la suite de tous les hommes éclairés de l'Esprit d'en haut, à commencer par saint Paul, nous professerons hautement que, si la grâce n'a pas été stérile dans ces serviteurs laborieux et fidèles, elle n'en est pas moins demeurée la grâce, c'est-à-dire l'action de Dieu encore plus que le produit naturel du génie de l'homme : *Gratiâ Dei sum id quod sum, et gratia ejus in me vacua non fuit* (2).

(1) Illi laus, illi gloria qui suo tali antistite... Ecclesiam ditavit. Illi laus, illi gloria qui dignatus est illum virum prædestinare. Illi laus, illi gloria qui hunc talem fecit, in quo maxime ostenderet Ecclesiæ suæ quantis malis opponenda et quantis esset bonis charitas præponenda. (S. Aug. in nat. S. Cypr. mart. S. CCCXII, *aliàs* de Div. S. XVI, n° 6)

(2) I Cor. XV, 10.

Mais il ne nous suffit pas de rendre à Dieu les hommages auxquels il a un droit premier et imprescriptible dans les travaux des plus intelligents et des plus dévoués de ses fils. Nous devons encore nous souvenir que, jusqu'au moment où, dans la surnaturelle infaillibilité de ses jugements, l'Eglise nous aura donné l'assurance que ceux dont nous admirons les hauts faits et les vertus n'ont plus besoin de nos prières, nous sommes tenus de penser aux lacunes connues ou cachées de l'humaine faiblesse.

C'est devant l'autel du Dieu de vérité et en le priant de me tenir en garde contre une mensongère adulation que j'ai loué les incomparables qualités d'intelligence et de volonté du Cardinal, la vivacité de sa foi, son zèle ardent et infatigable. Mais je n'ignore pas qu'en plus d'une rencontre, à la façon de « ces ouragans » dans lesquels il semblait s'être reconnu lui-même quand il traçait le portrait d'un de ses maîtres, il usait de procédés impérieux et laissait échapper des paroles qui occasionnaient de douloureux froissements. Il est vrai qu'on les lui pardonnait vite, parce que lui-même revenait avec promptitude sur ces vivacités de son caractère et excellait à guérir par les délicatesses d'un cœur foncièrement bon les blessures qu'il avait faites. Néanmoins, je me tiens pour assuré d'entrer dans ses intentions les plus certaines si je m'abstiens à son égard de toute flatterie, et si je vous rappelle l'obligation où nous sommes de le recommander à la miséricorde du souverain Juge.

Il a eu le bonheur d'être de ceux qui ont le mieux

compris et le plus sérieusement pratiqué le conseil donné par l'Esprit-Saint à tout homme sage de se familiariser avec la perspective de la mort, de la faire intervenir habituellement dans les démarches de la vie, de démêler toutes choses à sa lumière et par ses jugements qui sont bons, parce qu'ils sont exempts d'illusions et de passions. *Communionem mortis scito, quoniam in medio laqueorum ingredieris ! O mors, bonum est judicium tuum* (1) !

Aucun de vous, mes Pères, j'en suis sûr, n'a oublié l'épilogue très simple, très émouvant, éminemment évangélique et instructif donné par le Cardinal aux cérémonies splendides de la consécration de cette Basilique.

Au soir de ce grand jour, les foules s'étaient dispersées. La solitude et le silence s'étaient faits dans cette enceinte. Il vous invita à descendre avec lui dans le tombeau qu'il s'était préparé sous le pavé de ce transept.

Il vous adressa, en cette circonstance, des paroles qui provoquèrent votre attendrissement et vos larmes. Les redire tout haut, si près de ces restes inanimés, de ces lèvres qui ne peuvent plus s'ouvrir et que la mort a glacées jusqu'au jour de la résurrection, m'impressionne plus que je ne le saurais exprimer. C'est ma voix qui va retentir sous ces voûtes, mais c'est bien sa pensée, son cœur, son âme tout entière que vous allez entendre. Redoublez donc d'attention et de recueillement :

« Dieu m'a fait la grâce de ne pas passer un seul jour « de ma vie sans penser à la mort, sans la voir comme

(1 Eccli. IX, 20 ; XLI, 3.

« présente par la pensée,... une pensée qui, à mesure
« que les années s'écoulent et me rapprochent du mo-
« ment suprême, me devient plus habituelle et domine
« en moi tout le reste.

« Je viendrai, un jour qui ne saurait plus tarder
« beaucoup, dans ce tombeau... C'est là que j'aurai
« besoin de vos prières ; car ce sera le moment du compte
« que j'aurai à rendre au Juge suprême de mon adminis-
« tration.

« J'ai voulu précisément que ce tombeau fût au milieu
« de vous, parce que vous, du moins, vous vous souvien-
« drez de votre père et vous implorerez pour lui la misé-
« ricorde de Dieu. C'est ce que je vous demande hum-
« blement en retour de mon amour paternel, de mes
« fatigues, de mes peines. *Miseremini mei, miseremini mei,*
« *saltem vos amici mei* (1). »

Nous vous obéirons, ô magnanime Pontife ! Nous suspendrons ce discours qui a célébré vos gloires, pour accomplir le vœu suprême de votre foi profonde et proclamer avec vous que Dieu seul est grand, juste, saint, et que les meilleurs d'entre nous doivent se tenir très humbles en présence de ses redoutables et mystérieux jugements.

Vous donc, à cette heure, pontifes, prêtres, lévites ; et vous, Messieurs, dignes représentants de cette France qui a eu dans le cardinal Lavigerie un fils si dévoué et un si vaillant serviteur ; et vous, fidèles de Carthage et de Tunis, pour lesquels il a tant fait pendant les dernié-

(1) Bulletin n° 59 des Missions d'Afrique, p. 462.

res années de sa vie, unissez vos prières à celle de la sainte Eglise notre mère, si admirablement exprimées dans sa liturgie. Avec une pieuse confiance, jetons tous vers le cœur de Dieu ce cri suppliant : « Seigneur, « donnez-lui le repos éternel ! et qu'il jouisse à jamais « de votre éternelle lumière ! *Requiem æternam dona ei « Domine, et lux perpetua luceat ei !* »

SECOND DISCOURS

PRONONCÉ DANS LA CATHÉDRALE D'ALGER

LE MARDI 2 MAI 1893.

MESSEIGNEURS (1),
MESSIEURS (2),
MES FRÈRES,

Venir terminer le 2 mai dans la cathédrale d'Alger une oraison funèbre commencée le 19 avril dans la basilique de Carthage : voilà qui est peut-être sans exemple dans les annales de la prédication chrétienne.

Mais le mort pour lequel nous venons de prier au cours de cette imposante cérémonie, a tenu dans l'histoire de ce siècle une si grande place et, comme l'a dit avec tant d'autorité Sa Sainteté le Pape Léon XIII, « il a si bien

(1) Mgr Dusserre, archevêque d'Alger ; — Mgr Livinhac, évêque de Pacando ; — Mgr Brincat, évêque d'Adrumète ; — le Révérendissime P. Dom Augustin, abbé de la Trappe de Staoueli ; — Mgr Millot, Protonotaire apostolique, chanoine, administrateur de la cathédrale de Constantine ; — Mgr Mage, protonotaire apostolique, vicaire général d'Oran.

(2) M. Cambon, Gouverneur général de l'Algérie, et tous les chefs des services publics a Alger.

« mérité de l'Eglise catholique et de la civilisation » qu'il semble tout naturel de lui décerner des honneurs extraordinaires comme les œuvres qu'il a faites et les services qu'il a rendus.

I

Tout ce que j'ai dit de lui, il y a treize jours, en présence de nos évêques d'Afrique, autour desquels s'étaient spontanément réunis, pour lui rendre un solennel hommage, les plus hauts dignitaires du Gouvernement de la France, de sa vaillante armée et de sa marine, avec la plupart des représentants des puissances étrangères, je puis le résumer dans ces paroles du livre de la Genèse, où sont décrites les prospérités d'Isaac :

« Il avait semé sur cette terre, et cette terre lui avait « rendu le centuple. Le Seigneur l'avait béni, et il allait « de succès en succès, jusqu'à ce qu'il fût devenu très « grand (1). »

Mgr Lavigerie, lui aussi, avait semé à pleines mains sur cette terre d'Afrique, et ses labeurs avaient été abondamment bénis.

Son administration pastorale dans l'archidiocèse d'Alger (2) et son action métropolitaine sur cette grande

(1) Sevit autem Isaac in terra illa et invenit in ipso anno centuplum, benedixitque ei Dominus ; et ibat proficiens atque succrescens, donec magnus vehementer effectus est. (Gen. xxvi, 13.)

(2) Mgr Grussenmeyer, dans le second chapitre du second livre de son Recueil, *Vingt-cinq années d'épiscopat.*

colonie (1) où il était entré dans les travaux de ses deux prédécesseurs Mgr Dupuch et Mgr Pavy, dont je salue pieusement la mémoire au nom des anciens du clergé algérien ;

L'évangélisation des indigènes, commencée avec les orphelins de la famine, poursuivie en Kabylie, au Sahara, et par delà le désert, jusqu'à ces populations de l'Afrique équatoriale, évangélisées par ses fils spirituels et rendues capables en très peu de temps de donner à l'Eglise des chrétiens et des martyrs comparables à ceux des premiers siècles ;

L'influence française étendue à la Tunisie et aboutissant à la résurrection de l'Eglise de Carthage et du siège primatial de saint Cyprien : voilà en quelques mots ce qui avait rempli un quart de siècle d'une vie dont l'activité n'avait pas connu un seul jour de repos. A la lettre, l'infatigable apôtre avait accompli le commandement intimé par le Seigneur à cette Jérusalem des temps nouveaux, visible figure de l'Eglise, dont Isaïe célèbre par avance les entreprises et les conquêtes : « Etends au loin « et dilate bien fort les cordages de tes pavillons. Ne « t'arrête pas. Tu iras à droite et tu iras à gauche, et tes « fils recevront en héritage les cités désertes. Ne crains « rien. Tu ne seras pas confondu (2). »

Et comme pour justifier l'assimilation que je faisais

(1) Je ne puis mentionner ici que pour mémoire ce qu'il a fait à cet égard, très particulièrement dans le diocèse de Constantine, qu'il eut à gouverner après la démission de Mgr de Las Cases.

(2) Isaïe, LIV, 2-4.

dans mon premier discours entre votre archevêque et ce prophète Elie dont le zèle répandait partout la lumière et le feu, le Seigneur, parlant par la bouche du même Isaïe, se félicite en quelque sorte « d'avoir créé un ouvrier « habile à souffler les charbons dans la fournaise « ardente » (1), d'où le métal en fusion sort pour former toutes sortes de vases et d'instruments.

Les fêtes célébrées avec tant d'enthousiasme à Alger, en l'honneur du Jubilé épiscopal du Cardinal par la piété reconnaissante de son coadjuteur, de ses suffragants, de tout le clergé d'Algérie et de Tunisie, avaient été comme l'apogée de cette noble et féconde carrière dans laquelle il avait semé tant de grandes œuvres pendant vingt-cinq ans.

Toutes les voix s'étaient réunies pour former autour de lui un concert immense d'admiration et de louanges. — Je dis « toutes les voix », depuis celle du Souverain Pontife, qui lui décernait devant l'Eglise les éloges les plus mérités, jusqu'à celle des infidèles qui mirent plus d'une fois de côté leurs préventions contre le christianisme pour parler de lui avec un affectueux respect. Le païen Nectaire avait écrit un jour à saint Augustin : « Vous êtes la sauvegarde et l'honneur de notre « Afrique » : *Præsidium atque ornamentum nostrum* (2). Sous une forme moins classique, mais plus pittoresque, le vieux cheick Ben-Moussa avait exprimé un sentiment identique :

« La première fois que je t'ai vu, disait-il à l'arche-

(1) Isaïe, LIV, 16.

(2) Dans les Lettres de saint Augustin. Lettre 103e, n° 4.

« vêque d'Alger, je t'ai pris pour un marabout comme les « autres ; mais à présent je vois que tu pourrais à toi « seul faire tourner la moitié du monde (1). »

A l'époque de son Jubilé, le cardinal Lavigerie avait soixante-deux ans ; et s'il est vrai que, pour les soldats, les campagnes comptent double, on aurait pu aisément lui donner plus que cet âge. Il s'appelait volontiers « un vieillard ». Sa barbe patriarcale, blanchie avant le temps, pouvait à cet égard faire illusion aux autres, sinon à lui-même. En outre, à plus d'une reprise, de graves maladies l'avaient conduit aux portes du tombeau. Sa dévotion très spéciale au sacrement de l'Extrême-Onction lui était venue puissamment en aide dans quelques-unes des crises les plus périlleuses (2) ; il n'en est pas moins vrai que son organisme, usé par une activité dévorante, réclamait une vie plus calme et y avait droit.

D'ailleurs, de la part d'un homme qui a beaucoup et bien travaillé, quoi de plus légitime, si l'on consulte les règles de la prudence humaine, que de se procurer les moyens de jouir en paix des fruits de ses labeurs, de laisser à de plus jeunes la peine avec l'honneur des coûteux efforts et de mettre en pratique cette parole du Sage : « Je vais me reposer et jouir tranquillement des « fruits de mes biens » (3) !

(1) Bulletin des missions d'Afrique, n° 21.

(2) Le Cardinal a exprimé sa foi, en même temps que sa reconnaissance à l'égard du sacrement des malades, dans une très belle et substantielle instruction pastorale publiée à l'occasion du carême de 1885.

(3) Inveni requiem mihi et nunc manducabo de bonis meis. (Eccli. XI, 19. Luc. XII, 18.)

Une telle tentation a-t-elle jamais effleuré l'âme du Cardinal ?

Je n'hésite pas à dire que non. Naguère, je rappelais l'engagement qu'il avait pris en 1868, de ne « vouloir plus un seul jour de repos » (1) et je disais qu'il y était demeuré fidèle jusqu'à la dernière heure. Je n'ai point à revenir sur cette affirmation pour la rétracter ou l'atténuer; je la maintiens dans son intégrité absolue. Les faits me donneront raison.

« Glaive du Seigneur, s'écrie Jérémie dans une proso-
« popée tout orientale, glaive du Seigneur, ne vas-tu pas
« enfin demeurer tranquille, te remettre au fourreau, et
« te refroidir ? »

Voici la réponse :

« Comment le glaive du Seigneur se reposerait-il,
« puisque c'est le Seigneur lui-même qui lui donne l'ordre
« de marcher contre Ascalon et contre les régions mari-
« times qui l'environnent (2) ? »

Lui aussi, le vieux Cardinal, va recevoir l'ordre de marcher, et il obéira. Que dis-je « marcher » ? Vous l'allez voir, semblable à ce héros de notre épopée africaine dont il a tracé une si vivante image dans son discours de 1875, vous l'allez voir — comme Lamoricière — « courir plus qu'il n'avance ; se fiant à cet instinct

(1) Voir plus haut., p. 36.

(2) O mucro Domini, usquequo non quiesces ? Ingredere in vaginam tuam, refrigerare et sile. Quomodo quiescet, cùm Dominus præceperit ei adversus Ascalonem et adversus maritimas ejus regiones ibique condixerit illi ? (Jer. XLVII, 67.)

« qui dans la guerre fait les hommes de génie, et triom-
« phant de tous les périls où il se jette, à force de res-
« sources, de volonté, de courage ; enthousiasmant ses
« soldats par son humeur guerrière et par les éclairs de
« gloire qui, dans les combats, sortaient de ses yeux (1). »

Très peu de jours après les fêtes jubilaires d'Alger, Léon XIII écrivait aux évêques du Brésil pour féliciter leur pays, et se réjouir avec eux, de ce que l'esclavage venait enfin d'être définitivement aboli dans cette partie du continent américain. Mais le Pape ne perdait pas de vue les autres parties du monde où l'épouvantable fléau sévissait encore. Il signalait particulièrement à l'attention et à l'indignation publiques les drames sauvages qui avaient pour théâtre les vastes régions du centre et du littoral de l'Afrique. C'est là, en effet, que la chasse à l'homme, organisée avec une habileté infernale, pratiquée sur une large échelle avec une cruauté sans nom, fait chaque année, d'après les témoignages des plus récents explorateurs, plus de quatre cent mille victimes, dont la moitié environ meurent d'épuisement ou de maladie avant d'avoir pu atteindre les marchés sur lesquels ils seront vendus. Le Pape adjurait tous ceux « qui, en ce monde, sont investis de la puissance, d'unir « leurs efforts afin de réprimer, d'empêcher, d'abolir le « plus honteux et le plus criminel de tous les trafics. » Il adressait un appel plus direct et plus pressant « aux hommes voués à l'apostolat et leur demandait « de

(1) Œuvres choisies, t. I, p. 70.

« prendre tous les moyens possibles pour procurer le « salut et la liberté des esclaves (1). »

Si un évêque était préparé à recevoir la parole du Pape et à se mettre immédiatement à l'œuvre pour répondre à son appel, c'était bien le cardinal Lavigerie.

J'ai fait voir, dans mon premier discours, à quel point, dans les circonstances les plus décisives de sa carrière, il avait été un *précurseur*, prompt à se porter toujours en avant par les plus intelligentes et courageuses initiatives. Plus d'une fois déjà, depuis qu'il avait été envoyé en Afrique, ses sollicitudes s'étaient portées avec la plus tendre compassion vers les infortunées victimes de l'esclavage. Le 20 juin 1879, dans cette cathédrale, il adressait une vibrante allocution à douze de ses Pères Blancs qui se disposaient à partir pour l'Afrique équatoriale, et leur donnait très explicitement la double mission d'aller combattre tout à la fois les erreurs du paganisme et les horreurs de l'esclavage. Dès ce jour, il avait pris l'engagement solennel de lutter sans relâche contre cette cruelle injure faite aux principes de la justice et aux droits de la dignité humaine. Voici en quels termes il s'était exprimé :

« De tous les points de l'immense continent qui s'étend « des limites de notre France africaine aux provinces « anglaises du Cap, s'élève depuis des siècles un long cri « de douleur où se rencontrent et se mêlent les souf« frances les plus cruelles de l'humanité.

(1) Contendant viri apostolici ut quoad melius fieri possit, sit saluti servorum libertatique consultum. (Lettre *Quam plurimis* de Sa Sainteté le Pape Léon XIII, en date du 5 mai 1888, aux évêques du Brésil.)

« J'ai *vu*, disait le vénérable archevêque, les tristes « victimes de ce commerce impie. J'ai *entendu* de leur « bouche le récit de leurs maux... »

Il ajoutait :

« En face des saints autels, avec la liberté de mon « ministère, je dénonce l'esclavage ; au nom de la jus- « tice, au nom de l'humanité, au nom de ma foi, au nom « de mon Dieu, je lui voue une guerre sans merci et je « le déclare anathème. »

Puis, s'adressant à ses missionnaires : « Allez, ô mes « fils..... dites-leur que ce Jésus dont vous leur mon- « trerez la croix est mort sur elle pour porter toutes les « libertés au monde : la liberté des peuples contre le « joug de la tyrannie ; la liberté des consciences contre « le joug des persécuteurs ; la liberté du corps contre le « joug de l'esclavage (1). »

Ne sent-on pas dans ces paroles les ardeurs de ce feu de la charité qui consumait intérieurement saint Paul en face des faiblesses, des détresses, des périls de ses frères (2) ?

« Allez, ô mes fils ». — C'était précisément l'ordre donné par Dieu « aux messagers rapides de se porter « en toute hâte au delà des fleuves de l'Éthiopie et « d'aller trouver une nation foulée aux pieds, et

(1) Allocution prononcée dans la cathédrale d'Alger le 20 juin 1879. (Œuvres choisies, t. II, p. 78 et suivantes.)

(2) Quis infirmatur et ego non infirmor ? quis scandalizatur et ego non uror ? (II Cor. xi, 29.)

« qui attendait impatiemment d'être secourue (1). »

« Allez, ô mes fils », répétait le Cardinal. *Ite, angeli veloces*. Mais lui-même ne demeurera pas immobile ! En face des développements prodigieux pris par l'esclavage, grâce à l'ignorance, à l'insouciance, ou à l'impuissance des gouvernements civilisés, docile à l'appel adressé par le Pape aux hommes apostoliques, l'archevêque d'Alger va se jeter résolument dans une nouvelle carrière de labeurs, et déployer une activité auprès de laquelle on serait tenté de penser que jusqu'alors il n'avait presque rien fait.

C'est au commencement du mois de mai que le monde catholique avait eu connaissance de la Lettre du Pape aux évêques du Brésil. Avant la fin du même mois, le cardinal Lavigerie était à Rome. Il présentait lui-même au vicaire de Jésus-Christ plusieurs nègres rachetés par ses missionnaires. Il recevait de lui le mandat officiel de se mettre à la tête de la croisade anti-esclavagiste (2).

Puis, dans les semaines qui suivent, il paraît et il parle tour à tour à Paris, à Londres, à Bruxelles, à Naples, à Rome encore, à Milan. Il parle, et, comme j'avais l'honneur de le lui écrire en lui adressant mes très humbles félicitations, « on l'écoute ; on s'instruit ; on pleure ; on « s'indigne ; on s'enthousiasme ; on s'inscrit pour de gé- « néreux sacrifices (3). »

(1) Ite, angeli veloces (trans flumina Ethiopiæ) ad gentem convulsam et conculcatam et expectantem. (Is. XVIII, 1, 2.)

(2) Documents sur la fondation de l'Œuvre anti-esclavagiste, p. 32 et 38. (Saint-Cloud, imp. Belin, 1889.)

(3) Lettre du 8 septembre 1888, reproduite dans le volume des *Documents*, p. 538.

Il ne parle pas seulement, il agit; il organise des comités; il adresse des lettres aux souverains ou à leurs ministres; il crée des Bulletins; il stimule et entraîne la presse; il enrôle, groupe, discipline, encourage les hommes de bonne volonté, d'où qu'ils viennent, quel que soit leur symbole ou leur drapeau; il suffit qu'ils soient décidés à féconder de leurs efforts et de leur dévouement la magnanime initiative de Léon XIII.

D'ailleurs, ce n'est pas seulement la cause de l'humanité écrasée qu'il plaide avec une éloquence de feu devant ces aréopages si divers. *Verbum illius quasi facula ardebat.* Il n'a garde d'oublier les intérêts de la vérité. Il sait être apologiste en même temps qu'apôtre et faire tourner sa mission à la glorification de la foi.

Il a grand soin, en effet, de faire remarquer que « ni la « philosophie, ni la science sociale, ni l'économie poli« tique, ni les assemblées, ni les gouvernements n'ont « jamais pris en main d'une façon pratique la cause de « l'esclavage (1). » C'est au chef de l'Eglise catholique, armé de l'Evangile, que revient l'honneur d'avoir provoqué cette croisade contre l'esclavage et suscité, pour le combattre et l'extirper définitivement, des efforts sérieux et suivis.

Quand on se rappelle l'itinéraire parcouru en si peu de temps par le Cardinal pour entraîner la France, l'Angleterre, la Belgique, l'Italie, l'Allemagne dans le mouve-

(1) Lettre à MM. les directeurs de l'Œuvre de la Propagation de la foi. Documents sur la fondation de l'Œuvre anti-esclavagiste, p. 311)

ment dont le premier branle était parti du Vatican, on éprouve à son égard quelque chose de l'admiration dont saint Jean Chrysostome était pénétré quand il retraçait les courses apostoliques de saint Paul.

« Ainsi qu'un lion rugissant dont les narines lance-
« raient le feu, il parcourait sans relâche les pays habi-
« tés par les gentils ; plus rapide que le vent, on le voyait
« ici, puis là, et plus loin encore : on eût dit que le
« monde entier obéissait à sa voix, comme l'équipage d'un
« navire obéit à son chef, lequel, se portant sur tous les
« points, faisant toutes les besognes, irait sans cesse de
« la poupe à la proue ; manierait tour à tour les rames,
« les cordages, les voiles ; fixerait du regard les étoiles
« pour discerner le bon chemin ; tendrait une main secou-
« rable à ceux que l'abîme menace d'engloutir ; rendrait
« cœur à ceux auxquels la mer donne des nausées ; tout à
« la fois matelot, pilote, capitaine, allant au-devant de
« tous les dangers et de tous les maux pour en délivrer
« et en préserver ses frères (1). »

Ainsi ne sera-t-on pas surpris des félicitations que le Pape lui adressait à l'issue de cette campagne si laborieuse et si féconde. Le 17 octobre 1888, Léon XIII lui envoyait trois cent mille francs qu'il le chargeait de répartir entre les différents comités anti-esclavagistes en voie de formation, et lui disait :

« Nous vous avons confié une œuvre grande et diffi-

(1) Saint Jean Chrysostome, 25e Homélie sur la 2e Epître aux Corinthiens, n° 3.

« cile, en vous demandant de tenter par tous les moyens « en votre pouvoir de mettre fin en Afrique à l'esclavage « de tant d'infortunés.

« Vous avez accepté cette mission avec tant de dévoue- « ment qu'il était facile de voir avec quel cœur et quelle « élévation de sentiments vous agissez lorsqu'il y va du « salut des hommes. Non seulement vous ne refusez pas « des travaux même excessifs, mais encore vous les dési- « rez, vous les recherchez. Aussi, nous ne vous exhor- « terons pas ; car, de quelle exhortation aurait besoin « votre ardent courage ?

« Certes, vous ne pouvez employer nulle part ailleurs « plus utilement votre charité épiscopale, et il n'est guère « d'œuvre où vous puissiez mieux mériter de la civili- « sation chrétienne (1). »

Après sept mois de cette vie errante et surmenée, au commencement de janvier 1889, le Cardinal écrivait de Marseille à M. Keller, président du comité anti-esclavagiste de Paris :

« Je suis à bout de forces, j'ai perdu le sommeil, l'ap- « pétit, la faculté même, je crois, de me mouvoir et de « penser ; il ne me reste que celle de sentir, et je sens que « jusqu'au bout, je resterai attaché à l'œuvre de l'abolition « de l'esclavage, ne croyant pas qu'il y ait en ce moment « une œuvre plus sainte et plus nécessaire (2). »

Devant une telle déclaration, on ne peut que répéter ce qui est dit par l'auteur de l'*Imitation* sur les admirables

(1) Documents, p. 340.
(2) Ibid., p. 430.

effets de l'amour divin : « L'amour ne connaît pas de « mesure, mais son ardeur l'emporte au delà de toute « mesure. Au véritable amour, ni travail ne coûte, ni « fardeau ne pèse. Il tente plus qu'il ne peut ; il n'allègue « jamais l'impossible ; aussi, est-il capable de tout et « suffit-il à beaucoup d'entreprises. Ni fatigue ne l'abat, « ni lien ne l'enchaîne ; mais, comme une flamme ardente « et une vive étincelle, il s'élance en haut et franchit tous « les obstacles (1). »

L'intrépide athlète était à bout de forces, mais non à bout de zèle, d'ardeur et de charité. Le vendredi saint de cette même année 1889, le 19 avril, il montait dans cette chaire pour commenter le texte de saint Paul dans l'épître aux Philippiens : « Jésus-Christ s'est anéanti lui-même « en prenant la forme d'un esclave et il s'est rendu obéis- « sant jusqu'à la mort, à la mort de la croix (2).

« Si brisé que soit mon corps, disait-il, mon cœur ne « l'est pas et tant qu'il me restera un souffle de vie, je le « dois à la cause que m'a confiée Léon XIII. » Puis, il faisait frissonner et pleurer son auditoire en comparant à la Passion sanglante de Jésus-Christ sur sa croix du calvaire, la longue, terrible, inénarrable passion de la race nègre clouée depuis tant de siècles à la croix de l'esclavage (3).

L'année suivante, le Cardinal était encore à Paris où il

(1) Sicut vivax flamma et ardens facula, sursum erumpit... (Imit. Chr. L. III, c. v.)

(2) Philipp. II, 7-8.

(3) Documents, p. 462.

présidait les travaux du congrès anti-esclavagiste qui n'avait pas pu se réunir à Lucerne. Toujours hanté par le pressentiment d'une mort prochaine, il ne voulait perdre ni un jour, ni une heure pour établir au moins sur des bases solides l'œuvre confiée par le Pape à son zèle. Il ne se dissimulait pas d'ailleurs qu'il pouvait tout au plus la préparer et qu'il ne lui serait pas donné d'en voir le plein épanouissement ni l'accomplissement final.

« Je me tairai bientôt, disait-il alors, et sur ma parole « passera l'oubli. Mais le cri que je jette trouvera des « échos (1). »

Il en sera ainsi, n'est-ce pas, hommes de cœur, prêtres ou simples fidèles, qui avez été ses auxiliaires dans cette immense et magnifique entreprise ? Vous ne laisserez pas éteindre le foyer qui s'était allumé aux flammes de son ardente charité et qui déjà communiquait à un grand nombre d'âmes les saintes consomptions du zèle et de la pitié pour les infortunées victimes de l'esclavage. Il faut que cette œuvre nécessaire se poursuive jusqu'à son complet achèvement. Il y va de l'honneur des nations civilisées. Plus que cela, il y va de l'honneur de notre foi. Il ne se peut que la postérité soit autorisée à dire qu'après un effort si vigoureux tenté par un Pape, et conduit sous son impulsion par un des plus intelligents et intrépides évêques de ce siècle, les nations, qui sont redevables à l'Evangile de toutes leurs libertés, seront retombées dans l'indifférence de l'égoïsme et auront pris leur parti de l'in-

(1) Conférence faite dans l'église du Gesù à Rome. (Documents, p. 421.)

solente audace avec laquelle se poursuit encore sous leurs yeux l'infâme trafic d'un si grand nombre de créatures humaines.

Si notre courte sagesse n'était pas à une telle distance de la sagesse de Dieu ; s'il n'y avait pas un tel écart entre ses voies et les nôtres (1), on se prendrait à souhaiter que la carrière du Cardinal se fût terminée au lendemain même des courses entreprises par lui, au prix de fatigues surhumaines, pour délivrer l'Afrique de la plaie ignominieuse de l'esclavage. Il avait alors tout le monde avec lui. L'opinion l'exaltait ; c'était un immense concert d'éloges autour de sa personne et de son nom. Pas un cri discordant n'eût osé se produire contre lui. L'indignation publique eût conspué quiconque se fût permis de faire opposition à un homme qui était la gloire de l'humanité.

Il n'en devait pas être toujours ainsi. Il allait être bientôt employé à un ministère plus difficile, plus sujet à controverse. Il devait en souffrir, il devait en mourir. Mais il ne s'y est pas dérobé. Il en a beaucoup souffert et il en est mort.

II

Jamais, à aucun moment de sa vie de prêtre ou d'évêque, Mgr Lavigerie n'avait séparé dans sa pensée et dans ses affections les intérêts de la religion d'avec ceux de la France. Il était de ceux dont le P. Lacordaire a si bien dit

(1) Is. LV, 8-9.

que : « dans leurs âmes, l'amour de l'Eglise et l'amour de « la patrie semblent n'avoir qu'un même objet, le pre- « mier élevant et sanctifiant le second, et tous deux réu- « nis formant ce patriotisme surnaturel dont saint Paul « nous a donné l'exemple et l'expression (1) ».

Jamais, non plus, il n'avait fait dépendre son dévouement à son pays des formes contingentes des constitutions politiques.

Celles-ci peuvent être plus ou moins bien appropriées au génie, aux traditions, aux intérêts des peuples qui les adoptent, les modifient, les conservent ou les remplacent. Mais, au fond, elles n'ont rien d'absolu. Leur valeur intrinsèque se mesure exactement au respect ou au mépris qu'elles professent pour la règle fondamentale tracée par l'Evangile : « Cherchez avant tout le royaume de Dieu et sa justice (2). »

J'ai hâte de le dire : cette appréciation portée sur les gouvernements humains n'a rien de commun avec le scepticisme qui ne ferait aucune différence entre les manières les plus opposées de pourvoir au bien des sociétés. Elle procède au contraire d'un sentiment très élevé, dont les ministres de l'Evangile doivent être tout particulièrement pénétrés et qui leur est d'un grand secours pour opérer le bien et s'acquitter utilement de leur mission, surtout aux époques où les querelles de l'ordre politique

(1) Le Père Lacordaire, Discours sur la vocation de la nation française.

(2) S. Matthieu, VI, 33.

abondent parmi les hommes et entretiennent parmi eux d'incessantes divisions.

Mgr Lavigerie exprimait très bien à cet égard la règle si sage à laquelle nous devons nous conformer, lorsqu'il disait :

« Aimons le temps et le pays où nous vivons, non pas « parce qu'ils n'ont point d'erreurs, mais parce que, « comme pasteurs, c'est à nous de les sauver des suites « de leurs erreurs mêmes. Ne laissons jamais douter ni de « notre patriotisme, ni de notre volonté de prendre part « à tous les progrès véritables : aux progrès des mœurs, à « ceux des sciences destinées à faire connaître leur auteur « et à rendre la vie moins dure pour ceux qui souf- « frent (1). »

L'archevêque d'Alger aimait l'Eglise et la France. Par conséquent il souffrait cruellement de ce qui pouvait troubler leur traditionnelle et nécessaire union.

Quels gémissements se sont échappés de cette âme si française, particulièrement dans le cours des quinze dernières années ! En quels accents pénétrants il a stigmatisé « les haines furieuses et stupides contre la vérité et contre « Dieu même ; les conspirations ardentes des méchants ; « les universelles défaillances des bons (2) » ! Avec quelle clairvoyance, presque prophétique, il signalait, il y a longtemps déjà, « les abîmes qui s'annoncent, la boue qui « monte et qui menace de tout étouffer (3) » ; comme si,

(1) Lettre pastorale du 29 novembre 1885, sur l'Encyclique *Immortale Dei.*
(2) Œuvres choisies, t. II, p. 125.
(3) Id. ib.

dès lors, il avait pu pressentir les hontes publiques dont nous avons tant souffert depuis quelques mois, nous, et tous ceux qui ont à cœur l'antique renom de probité de la nation française !

On aurait pu croire que, dans le désir de ne pas compromettre les intérêts dont il était chargé et tant de missions exceptionnellement difficiles pour lesquelles le concours des pouvoirs publics lui était indispensable, il se serait strictement renfermé dans la sphère de ses préoccupations apostoliques et aurait gardé le silence devant les atteintes portées à la religion et aux droits de l'Eglise.

De si lâches calculs lui eussent fait horreur. Sans doute, les protestations que sa conscience lui dictait ont toujours été marquées au cachet de la dignité la plus épiscopale et il a concilié dans les plus exactes proportions la mesure avec la force, le respect à l'égard de l'autorité civile avec la courageuse défense de la vérité. Mais jamais, non plus, en aucune circonstance, il ne s'est dérobé au devoir douloureux, et impérieux, d'élever la voix et de donner à son pays de courageux avertissements.

Il y a moins de quatre ans, dans une lettre pastorale écrite au pied des Pyrénées, il disait : « Il est un champ « d'action à la garde duquel le ministère sacerdotal est « consacré et qu'il doit savoir défendre au péril de sa for- « tune, de son repos, de sa vie même, s'il est nécessaire. « Ce champ est celui de la religion.

« Autant donc nous manquerions à nos devoirs en « nous mêlant activement aux querelles des partis et en « justifiant ainsi l'accusation quelquefois portée contre

« nous de nous en faire les instruments, autant nous tra« hirions ces mêmes devoirs si nous ne prenions la défense « de la foi et si nous n'avertissions les fidèles des périls « qui la menacent.

« Le temps est venu pour nous de parler. Nous méri« terions le mépris de nos ennemis eux-mêmes et le re« proche que le prophète adresse aux pasteurs qui trem« blent et se taisent à l'approche des loups, si nous ne « faisions tomber les illusions trop prolongées sous les« quelles s'abritent encore l'indifférence des uns, la fai« blesse des autres, l'inertie coupable de presque tous.

« Il faut que les chrétiens sachent clairement qu'une « ligue implacable est formée par des sectaires pour dé« truire leur culte, pour opprimer leurs consciences. « Cela est vrai partout dans le monde ; cela est encore, « dans le moment présent, plus tristement vrai pour la « France.

« Il suffit de repasser un à un tous les projets mis en « avant, bruyamment préconisés, imposés enfin par les « sectaires et destinés à détruire par des coups chaque « jour renouvelés la religion et l'Eglise, pour mesurer le « chemin déjà parcouru et voir le but auquel ils nous « mènent.

« Après les congrégations religieuses, les diocèses et « les évêques ; après les diocèses, les paroisses avec leurs « fabriques ; après les paroisses, les séminaires ; après les « séminaires, les écoles et l'enseignement religieux ; « après les écoles, l'armée ; après l'armée, les malades « et les mourants de nos hôpitaux privés des secours de

« l'Eglise ; après les hôpitaux, les ressources budgétaires, « même celles de nos missions et de nos colonies, et après « ou avec tout cela, l'assaut des consciences individuelles « par la certitude des disgrâces les moins méritées, si « elles ne sacrifient leur foi. Tout a été atteint et la libre « pensée ne cache plus le dessein arrêté de tout détruire. « Elle n'attend pour l'entreprendre que de s'être rendue « la maîtresse (1). »

Je demande quel est le document épiscopal où l'on trouverait un relevé plus tristement complet des trop justes griefs des catholiques et de tant de mesures législatives ou administratives qui sont en contradiction flagrante avec l'esprit d'une constitution fondée sur l'égalité de tous les citoyens et le sincère respect de leur liberté ?

« Je me console de tout, disait encore en une autre « circonstance l'intrépide Cardinal, de ma vieillesse qui « tombe, de ma santé qui a disparu, de la mendicité « même où je suis réduit et qui me contraint pour soute- « nir mes œuvres à m'en aller sur tous les chemins porter « le bâton du quêteur.

« Mais ce dont je ne me console pas, c'est de voir dans « notre patrie la religion outragée, l'Eglise méconnue, « Dieu blasphémé, et, aux temps heureux de la foi, suc- « céder l'incrédulité brutale ; parce que cela, c'est la fin « de la France, si, par une de ces révolutions soudaines « dont son histoire nous offre l'exemple, elle ne remonte « pas aux sources de la vie, je veux dire à son Dieu (2) ! »

(1) Lettre du 1er septembre 1889, datée de Cambo (Basses-Pyrénées).
(2) Lettre du 22 mars 1888.

Voilà certes une réponse péremptoire aux accusations passionnées de certains hommes qui n'ont pas eu honte de travestir le cardinal Lavigerie en témoin complaisant, sinon en complice des attentats de la franc-maçonnerie contre la liberté religieuse et de l'assimiler aux « chiens muets » justement stigmatisés par le Seigneur (1), parce qu'ils n'osent pas aboyer et laissent dévorer les brebis dont ils sont les gardiens.

Par la netteté de son attitude, la fermeté de ses déclarations, l'énergie contenue, mais d'autant plus efficace, de son langage, le cardinal Lavigerie s'est fait une place parmi les évêques dont l'unique ambition est d'accomplir leur devoir, de ne céder jamais aux méprisables suggestions de l'ambition ou de la crainte, et pour lesquels rien n'est perdu, si l'honneur est sauf.

Mais précisément parce qu'il était très affligé du tort irréparable fait à la France par les haines aveugles et étroites des sectaires, il était absolument persuadé que les circonstances imposaient aux catholiques et à tous les bons citoyens le devoir impérieux de faire sans hésiter le sacrifice de leurs préférences ou de leurs répugnances politiques et de n'avoir plus en vue que de s'unir étroitement sur le terrain constitutionnel, afin de revendiquer la liberté religieuse.

On a trop facilement cru que les paroles prononcées par lui le 12 novembre 1890, en présence de l'état-major de notre marine, révélaient de sa part un changement

(1) Is. LVI, 10.

inexplicable d'attitude et le mettaient en contradiction flagrante avec tout son passé. C'est une erreur qui ne résiste pas à l'étude attentive des textes et des dates.

Ainsi, le 1er novembre 1889, plus d'une année avant cet incident, il avait adressé au clergé et aux fidèles de ses deux archidiocèses d'Alger et de Carthage une instruction pastorale d'où je détache les lignes suivantes :

« Ce que doivent faire aujourd'hui pratiquement les « catholiques de France, c'est de se soumettre simplement « à la forme du gouvernement national ; de recommander « l'union entre les catholiques ; de profiter de cette union « pour défendre avec plus d'énergie dans les assemblées, « dans la presse, auprès des pouvoirs publics, la cause de « la religion ; de s'abstenir de prendre part aux querelles, « aux passions, aux entreprises purement politiques des « partis et implorer le secours de Dieu sur la France et « sur l'Eglise (1). »

Si l'on élimine du fameux *toast* de Saint-Eugène certaines circonstances purement extérieures, qui ne touchent en rien au fond des choses, je défie qu'entre la lettre pastorale du 1er novembre 1889 et le langage tenu le 12 novembre 1890, il soit possible de signaler aucune différence vraiment essentielle.

Il faut cependant que, dans l'intervalle de ces deux dates, un élément nouveau soit intervenu pour motiver de la part du Cardinal une démarche dont le caractère insolite, et, je dois l'avouer, la forme bruyante frappèrent

(1) Lettre déjà citée.

si vivement l'opinion et causèrent à tant de personnes une pénible surprise.

Cela n'est pas douteux. Chef intrépide, quand il portait la responsabilité du commandement, Mgr Lavigerie avait au plus haut degré le sentiment de l'obéissance hiérarchique, mais de la vraie obéissance, de celle qui se soumet avec promptitude et se sacrifie sans hésiter, quand l'autorité légitime a parlé.

« Que feriez-vous, disait un jour l'archevêque d'Alger à « un officier général, si vous receviez de vos supérieurs « un ordre qu'il vous coûterait d'accomplir ? — Eminence, « j'obéirais. — Eh bien ! répliqua le Cardinal, c'est ce que « j'ai fait (1). »

J'essaierai d'aller encore davantage au fond de cette délicate question. Si elle se résume dans l'acceptation loyale des gouvernements établis, et dans la disposition sincère de les seconder en tout ce qui n'est pas contraire au bien de la religion, je crois pouvoir affirmer que c'est toujours de la sorte que, dans le cours de l'histoire, les Papes ont compris leurs relations avec les pouvoirs politiques des divers pays.

L'Eglise, dont ils sont les chefs visibles, ne saurait avoir à cet égard d'autre règle que la maxime évangélique : « Rendez à César ce qui est à César et à Dieu ce qui est à Dieu (2) ».

(1) Voir dans la troisième édition du substantiel et intéressant volume publié par M. l'abbé Félix Klein tout le § 1er du chap. x. (Le cardinal Lavigerie et ses œuvres d'Afrique. — Paris, Poussielgue, 1893.)

(2) S. Matth., xxii, 21.

César, c'est le souverain. Il sera tantôt un Mérovingien et tantôt un Carlovingien. Il s'appellera tour à tour Childéric, Pépin le Bref, saint Louis, François Ier, Louis XIV, Napoléon. Puis, d'autres temps viendront où la souveraineté s'incarnera dans le corps même de la nation, régulièrement représentée par ses mandataires. A travers tous ces changements de personnes ou de dynasties, de régimes et de constitutions, notre devoir à nous, ministres de l'Evangile, demeure toujours le même. Pourvu que nous puissions rendre librement à Dieu ce qui lui appartient, nous nous gardons de refuser l'obéissance à César, en tout ce qui n'est pas contraire aux droits imprescriptibles de la conscience.

Cette conduite d'une si évidente sagesse s'impose surtout dans les temps où les disputes sur la forme des gouvernements doivent céder le pas à d'autres questions plus vitales et d'où dépend la conservation même de la société.

Ainsi le pensait, au lendemain de la révolution de 1848, l'homme éminent qui avait été, et qui demeura jusqu'à la fin de sa vie, le serviteur le plus dévoué, l'avocat éloquent, le chevaleresque champion de ce que ses amis et lui appelaient « la monarchie légitime. » J'ai nommé Berryer. Voici ce qu'écrivait ce grand citoyen au mois d'avril 1848, un peu avant les élections générales à l'Assemblée constituante :

« Je voudrais que nos amis comprissent bien qu'en « face d'un avenir aussi incertain et dans l'état de brise- « ment où sont toutes les choses passées, il n'y a qu'un

« besoin public à interroger et à servir : c'est de donner « à la société menacée le secours et le concours de « toutes les intelligences qui peuvent la préserver des « grandes calamités.

« Il ne s'agit pas de discussions sur le choix de tel ou « tel gouvernement, mais de la conservation dans la « société des conditions sans lesquelles il n'y a plus de « pays à gouverner.

« Dans ces grandes crises sociales, il faut se mettre « bien au-dessus des vieilles rivalités et des préventions « nées d'un passé qui ne peut plus se reproduire dans les « mêmes conditions (1). »

Que l'on compare avec la déclaration faite par le cardinal Lavigerie, obéissant à une impulsion venue de plus haut que lui, les conseils donnés, près d'un demi-siècle auparavant, à ses amis politiques par l'homme dont le nom, à lui tout seul, personnifie la fidélité la plus persévérante et la plus désintéressée aux Bourbons de la branche aînée, je demande s'il n'y a pas la plus intime analogie entre ces deux manières d'envisager et de définir les devoirs que certaines crises imposent aux bons citoyens envers leur pays ?

Ici et là, c'est le même argument de sens pratique et de sagesse expérimentale ; ici et là, c'est le même patriotisme, inspirant les mêmes renoncements aux préférences particulières et aux idées personnelles ; ici et là, c'est au

(1) Charles de Lacombe, *Étude sur Berryer et la révolution de 1848*, dans le *Correspondant* du 10 mars 1893, p. 806 et 807.

nom de la loi suprême du salut de la nation que tous les hommes d'ordre sont conviés de renoncer à leurs dissentiments sur les questions exclusivement politiques, pour ne plus penser qu'à la conservation sociale et religieuse.

Si d'ailleurs, pendant quelque temps, on avait pu croire que le Cardinal avait pris de lui-même, et tout seul, la responsabilité d'une initiative prématurée et téméraire, il fallut bien se détromper lorsqu'on put connaître les félicitations que Léon XIII lui adressait le 9 février 1891 :

« Votre zèle et vos bons offices, lui disait le Pape qui « visait très directement les paroles prononcées à Alger « le 12 novembre de l'année précédente, ont parfaitement « répondu aux besoins des temps actuels, à notre attente, « et aux autres preuves que vous nous avez données de « votre entier dévouement pour nous (1). »

A supposer même que quelque doute eût encore pu subsister dans l'esprit de certaines personnes, l'Encyclique pontificale du 16 février 1892 est venue jeter sur tous les faits précédents de nouveaux flots de lumière et prouver surabondamment que l'archevêque d'Alger n'avait été que le docile interprète des pensées du chef de l'Eglise, jugeant nécessaire au bien de la France et à la sauvegarde de ses intérêts religieux que les catholiques se soumissent loyalement au gouvernement établi (2).

(1) Cette lettre du Pape est reproduite dans la Lettre pastorale du cardinal Lavigerie pour le carême de 1892 (27 février).

(2) Je me suis efforcé pour ma part de faire bien comprendre les motifs éminemment surnaturels qui ont inspiré la ligne de conduite tracée par le Pape au clergé et aux fidèles de l'Eglise de France : 1° dans un écrit

Il n'en est pas moins vrai que dans les mystérieuses dispensations de la Providence, l'acte accompli le 12 novembre 1890 par le Cardinal devait marquer pour lui d'un cachet tout particulier d'épreuves et de souffrances la dernière et brève étape de sa vie.

III

Jusqu'alors, c'est-à-dire depuis plus de trente ans, à travers les obstacles, les difficultés, les contradictions inévitables, on peut dire que Mgr Lavigerie n'avait jamais éprouvé d'échec. Au contraire, toutes ses entreprises avaient admirablement réussi et lui avaient presque toujours valu de la part des hommes reconnaissance et admiration.

Professeur en Sorbonne, directeur de l'Œuvre des écoles d'Orient, Auditeur de Rote, évêque de Nancy, archevêque d'Alger, fondateur de la Société des Pères Blancs et des Sœurs missionnaires, explorateur apostolique du Sahara et des profondeurs jusqu'alors inaccessibles de l'Afrique équatoriale, précurseur aussi habile qu'actif de la France en Tunisie, assez heureux pour avoir pu ressusciter les plus glorieux souvenirs de Carthage, et relever sur des ruines tant de fois séculaires le siège primatial de saint Cyprien, toujours et partout il avait été

auquel Léon XIII a daigné donner l'approbation la plus formelle (*Quelques réflexions sur l'Encyclique du* 16 *février*, Paris, Poussielgue) ; 2° dans ma réponse à une adresse du Chapitre de la cathédrale d'Autun (*Semaine religieuse* d'Autun du 11 juin 1892).

de succès en succès. Comme le héros célébré par Lucain dans sa *Pharsale*, ou bien il n'avait pas rencontré d'obstacles sur son chemin, ou bien il les avait victorieusement renversés, et s'ils avaient parfois retardé sa marche en avant, ils ne l'avaient jamais empêché d'atteindre le but (1).

N'avait été la réserve que l'humilité chrétienne impose aux plus entreprenants, il aurait presque pu s'approprier le mot que les historiens de César lui ont prêté : « Je suis venu, j'ai vu, j'ai vaincu ». *Veni, vidi, vici* (2).

Je ne sais quel auteur ancien rapporte que lorsqu'un Fabius, un Scipion l'Africain, un Paul-Emile faisaient leur entrée dans Rome par la voie triomphale, entourés de leurs légionnaires et traînant derrière eux les vaincus chargés de chaînes pour se diriger vers le Capitole et y offrir à Jupiter un sacrifice d'action de grâces, un personnage se tenait près du vainqueur et lui répétait de temps à autre ce significatif avertissement : « Souviens-toi que « tu es homme. »

Nos Livres saints disent plus et mieux, et ils jettent une lumière plus profonde sur la conduite de la Providence à l'égard de ses élus.

« Parce que tu étais agréable à Dieu, est-il dit au livre

(1) Nescia virtus
Stare loco. . . . .
Successus urgere suos, instare favori
Numinis, impellens quidquid summa petenti
Obstaret. . . . .
(Lucain, *Pharsale*, I.)

(2) Lettre de César à Amintius. (Plutarque, *Vie de César*.)

« de Tobie, il était nécessaire que la souffrance vînt t'é-
« prouver (1). »

A l'aide d'une comparaison fort simple, empruntée aux travaux agricoles de ses diocésains d'Hippone, saint Augustin faisait très bien comprendre à ses auditeurs le sens austère et profond d'une loi qui se rattache aux principes fondamentaux de la vie chrétienne.

« Faites attention, disait-il, recueillez-vous devant ce « grand spectacle. » — *Intendite ad magnum hoc spectaculum* (2).

De quoi donc s'agissait-il ? Tout simplement du fruit de l'olivier. Mais, en vérité, quelles admirables leçons données à ceux qui sont capables de réfléchir et de comprendre !

« L'olive mise sous le pressoir est serrée, écrasée ; ce « n'est pas que l'agriculteur ait l'intention de la traiter « avec mépris et de l'opprimer, mais il l'oblige ainsi à « laisser couler l'huile dont elle est remplie. » *Fit in torculari conculcatio, tribulatio, non ut oliva opprimatur, sed ut oleum liquetur* (3).

Bien des fois sans doute, au cours de ses continuels succès, les innombrables admirateurs du Cardinal lui avaient appliqué la parole du Psalmiste et l'avaient comparé à « l'olivier chargé de fruits dans le domaine du Sei« gneur (4) ».

(1) Quia acceptus eras Deo, necesse fuit ut tentatio probaret te. (Tob. XII, 13.)
(2) S. Aug. Enarr. in Ps. 80, n° 1.
(3) S. Aug. Serm. 81, n° 2.
(4) Sicut oliva fructifera in domo Dei. (Ps. LI, 10.)

L'heure était venue où l'olive allait être mise sous le pressoir, serrée, écrasée, contrainte de livrer tout son trésor.

L'acte d'obéissance accompli par le Cardinal au mois de novembre 1890 fut travesti, attribué à des mobiles méprisables. Les injures ne lui furent pas épargnées. Si ses amis n'osèrent pas le blâmer ouvertement et lui dire qu'il avait fait une démarche inconsidérée, ils le pensaient. Le Cardinal était trop intelligent pour ne pas comprendre que leur silence équivalait à une désapprobation.

Ce qui devait lui être plus dur encore que les jugements sévères ou injustes portés sur sa personne, c'était le contre-coup de cette épreuve sur ses œuvres. Les ressources dont il avait besoin pour les soutenir diminuèrent tout d'un coup dans les proportions les plus inquiétantes, sans rien alléger des responsabilités dont il avait assumé le fardeau. Il écrivait alors à un cardinal français : « On pourra dire de moi que j'ai été obéissant « jusqu'à la mort ».

Il disait vrai. Les infirmités arrivaient, prématurées, accablantes, visiblement augmentées par ses douloureuses préoccupations. Elles obligeaient à une inactivité inaccoutumée et clouaient sur son fauteuil d'impotent cet homme qui avait eu toute sa vie les ardeurs et l'agilité de la flamme.

Le dénouement fut plus rapide encore qu'on ne l'aurait pu croire. Dans la soirée du 26 novembre 1892, Alger d'abord, puis l'Afrique, et aux premières heures du lendemain, la France, l'Europe, le reste du monde apprenaient avec stupeur que le grand Cardinal était entré dans le repos de son éternité.

*
* *

Il y a quelques jours, parlant tout près du tombeau creusé par ses ordres dans les assises de la basilique de Carthage, j'avais terminé mon discours par la lecture des paroles qu'il avait adressées à ses fils spirituels, les missionnaires d'Afrique, pour leur recommander avec instance de ne pas l'oublier devant le tribunal de Dieu, et de l'y entourer de leurs plus ferventes et persévérantes prières.

Ici, avant de descendre de la chaire de cette cathédrale d'Alger, c'est encore lui que je veux faire entendre à cette imposante assemblée. Rien ne résumera plus fidèlement ce que j'ai essayé de dire de cette noble existence, si entièrement dévouée à la France et au continent africain, que ce fragment de son testament spirituel, écrit huit ans avant sa mort :

« Oh ! si je pouvais encore, du fond de ma tombe, par-
« ler à la France ! Si je pouvais, avec ce désintéresse-
« ment de toutes choses qui est le propre de la vie à venir,
« lui représenter une dernière fois ce qui peut lui don-
« ner la paix ! »

Et ici, dans les termes les plus pathétiques, il conjurait sa patrie de demeurer fidèle à ses traditions nationales et de ne pas se laisser arracher la foi séculaire qui avait fait sa force et son honneur aux temps les plus prospères de son histoire.

Puis, s'adressant plus spécialement à la partie du monde que Dieu avait confiée à son zèle, il ajoutait :

« C'est à toi que je viens maintenant, ô ma chère Afri-« que. Je t'avais tout sacrifié, lorsque, poussé par une force « qui était visiblement celle de Dieu, j'ai tout quitté pour « me vouer à ton service.

« Depuis, que de traverses, que de fatigues, que de « peines ! Je ne les rappelle que pour pardonner et pour « exprimer encore une fois mon invincible espérance de « voir la portion de ce grand continent qui a connu au-« trefois la religion chrétienne revenir pleinement à la « lumière et à la vérité, et celle qui est restée jusqu'ici « plongée dans la barbarie la plus affreuse, sortir de ses « ténèbres et de sa mort. C'est à cette œuvre que j'avais « consacré ma vie. Mais qu'est-ce qu'une vie d'homme « pour une semblable entreprise ? à peine ai-je pu ébau-« cher ce travail. Je meurs donc sans avoir pu faire autre « chose pour toi (ô ma terre d'Afrique) que souffrir et « par mes souffrances te préparer des apôtres (1). »

Quand des hommes entendent d'autres hommes dire qu'ils ont souffert ou qu'ils souffrent, s'ils ne sont pas éclairés des lumières de la foi, ils ne peuvent leur témoigner qu'une compassion, très louable en elle-même, mais purement naturelle. Après avoir gémi avec eux, ils sont incapables de pénétrer ou d'expliquer à fond le mystère de la douleur.

(1) Je dois à une bienveillante communication d'avoir eu entre les mains une copie de ce testament qu'un jour sans doute on publiera tout entier.

Dieu soit loué ! sans abdiquer les sentiments de l'humanité, sans manquer aux devoirs sacrés de la commisération, nous chrétiens, nous nous sentons soulevés vers des régions où la grâce de Dieu nous communique une intelligence plus profonde et plus vraie des conditions de la vie.

Eclairés par cette lumière venue d'en haut, nous comprenons que s'il est beau d'accomplir pour le service de Dieu des œuvres auxquelles les hommes ne peuvent refuser leurs applaudissements, il est plus grand et plus enviable encore d'avoir une part effective aux contradictions, aux humiliations, aux souffrances du divin Rédempteur.

Illustre Cardinal, vaillant serviteur du Maître dont vous aimiez à dire « qu'on n'a jamais pu le renfermer dans son tombeau » (1), après les éclatantes prospérités qui vous avaient fait cortège pendant la plus notable partie de votre vie, vous avez eu l'austère mais inestimable avantage de terminer votre course terrestre sur la voie douloureuse où vous avez porté votre part du fardeau de la croix.

J'aurai le courage de vous en féliciter et je veux partager avec tous mes frères l'enseignement donné par saint Paul aux disciples de l'Évangile pour leur communiquer

(1) Cette belle parole a été reproduite et admirablement encadrée dans l'émouvante allocution prononcée par M. Cambon, gouverneur général de l'Algérie, au moment où le cercueil du Cardinal allait être conduit à bord du *Cosmao* qui devait le transporter à Carthage. (Voir dans la *Semaine religieuse* d'Autun du 10 décembre 1892, le récit des funérailles du Cardinal envoyé d'Alger par M. l'abbé Planus.)

une espérance supérieure à toutes les appréhensions de la nature. « C'est une vérité très certaine que si nous mou-« rons avec Jésus-Christ, avec lui nous renaîtrons à la « vie ; et que si nous avons souffert avec lui, avec lui nous « régnerons éternellement (1).

(1) Fidelis sermo : si commortui sumus et convivemus ; si sustinebimus et conregnabimus. (II Tim. 11 et 12.)

POITIERS. — TYP. OUDIN ET Cie.

www.ingramcontent.com/pod-product-compliance
Ingram Content Group UK Ltd.
Pitfield, Milton Keynes, MK11 3LW, UK
UKHW021102260726
13994UKWH00002B/661

9 782329 049656